Funktionsgerechte Verwaltung im Wandel der Industriegesellschaft

Schriftenreihe der Hochschule Speyer

Band 43

Funktionsgerechte Verwaltung im Wandel der Industriegesellschaft

Vorträge und Diskussionsbeiträge
der 37. Staatswissenschaftlichen Fortbildungstagung
der Hochschule für Verwaltungswissenschaften Speyer
1969

DUNCKER & HUMBLOT / BERLIN

Gedruckt 1969 bei Alb. Sayffaerth, Berlin 61
Printed in Germany

Inhalt

Rednerverzeichnis

Begrüßung durch den Rektor Professor Dr. Reinhard Schaeder

Namens der Hochschule für Verwaltungswissenschaften Speyer darf ich Sie als Rektor zur 37. Staatswissenschaftlichen Fortbildungstagung der Hochschule herzlich willkommen heißen.

Es dürfte zumindest zeitgerecht sein, daß ich grundsätzlich darauf verzichte, bei dieser Begrüßung mit umfangreichen Namensnennungen zu beginnen. Immerhin werden Sie es mir gewiß zugute halten, daß ich zunächst die Redner der Tagung, nämlich Herrn Professor Dr. Herzog, Herrn Professor Dr. Müller, Herrn Landrat Dr. Galette, Herrn Regierungspräsidenten a. D. Dr. Schmitt und für Herrn Präsidenten Professor Dr. Thiele Herrn Ltd. Regierungsdirektor von der Lühe mit einem persönlichen Gruß namentlich anführe.

Des ferneren habe ich die Ehre, den Chef der Staatskanzlei des Landes Rheinland-Pfalz, Herrn Staatssekretär Duppré, zu begrüßen, der anschließend die heutige Tagung eröffnen wird.

Ich erachte es des weiteren als eine besonders angenehme Pflicht, meinen Kollegen, Herrn Professor Dr. Dr. Becker, zu nennen, der die ganze Last der Vorbereitung dieser Tagung, die nähere Fixierung der Gesamtthematik wie des Rahmens der einzelnen Vorträge, die Gewinnung der Redner der folgenden Tage und alles, was technisch hiermit zusammenhängt, wiederum wie schon bei fast allen früheren Staatswissenschaftlichen Fortbildungstagungen unserer Hochschule auf sich genommen hat.

Schließlich aber besteht heute noch ein hervorgehobener Anlaß, eines verehrten Gastes zu gedenken, der dankenswerterweise in unserer Mitte weilt, nämlich des Ehrensenators der Hochschule für Verwaltungswissenschaften Speyer, Herrn Oberbürgermeister a. D. Dr. Paulus Skopp. Als Sie, sehr verehrter Herr Dr. Skopp, in feierlicher Verabschiedung am 14. März 1969 Ihr Amt als Oberbürgermeister dieser Stadt abgaben, konnte ich Ihnen bereits zum Ausdruck bringen, daß ich als einer der Anwesenden in der angenehmen Lage sei, nicht von Ihnen in amtlicher Eigenschaft Abschied nehmen zu müssen, sondern daß ich die Hoffnung haben durfte, Sie weiterhin unserer Hochschule, wie bisher, verbunden zu sehen. Sie haben an jenem Tage in freundlichster Weise diese Auffassung bestätigt, und um so mehr muß mir heute daran liegen, namens meines ganzen Kollegenkreises der Dankbarkeit dafür Ausdruck zu geben, daß wir Sie in der Position des Ehrensenators fernerhin als einen der Unseren betrachten dürfen. Ich darf aber diese Gelegenheit zugleich zum Anlaß nehmen, im Rückblick auf die insgesamt 20 Jahre Ihrer amtlichen Tätigkeit als Oberbürgermeister dieser Stadt Ihnen den bleibenden Dank der Hochschule für alles das, was Sie von Ihrem Amte aus für die Hochschule getan haben, hiermit noch einmal öffentlich zu bezeugen. Sie haben unsere Belange von Anfang an mit großem Verständnis gefördert; Sie haben dann insbesondere dem Neubau unserer Hochschule Ihre Unterstützung angedeihen lassen, womit — wie ja neulich auch schon bei Ihrer Verabschiedung zum Ausdruck gebracht wurde — nach Speyer das Zentrum beruflicher Aus- und Fortbildung für den höheren Dienst gezogen worden ist, welches nicht zuletzt dank Ihrer Bemühungen ein weiteres kräftiges Wachstum in nächster Zeit erfahren wird. Daß die Hochschule hierbei stets Ihres Rates wie Ihrer tatkräftigen Förderung sicher sein durfte, verpflichtet uns Ihnen auf alle weitere Dauer, und so darf ich unseren Gefühlen dahingehend zusammenfassend Ausdruck geben, daß ich sage: wir schätzen uns glücklich, daß Sie als Ehrensenator der Hochschule für Verwaltungswissenschaften Speyer angehören.

Damit darf ich noch einmal alle, in so erfreulich stattlicher Zahl erschienenen Teilnehmer unserer heute beginnenden Tagung aufs herzlichste willkommen heißen, indem ich Ihnen ebenso Gewinn aus dem nunmehr beginnenden Vortragsprogramm wünsche wie der Hoffnung Ausdruck gebe, daß Sie in mancherlei persönlicher Begegnung einige Erholung mitnehmen. Es freut uns hierbei besonders, unter den Teilnehmern zahlreiche Gäste zu sehen, die schon mehrfach an den hiesigen Fortbildungstagungen teilgenommen haben.

In diesem Sinne darf ich nunmehr Sie, sehr verehrter Herr Staatssekretär Duppré, bitten, zur Eröffnung der 37. Staatswissenschaftlichen Fortbildungstagung unserer Hochschule das Wort zu nehmen.

Eröffnung
durch den Chef der Staatskanzlei Rheinland-Pfalz
Staatssekretär Fritz Duppré, Mainz

Wenn mir die Eröffnung der staatswissenschaftlichen Fortbildungstagung der Hochschule für Verwaltungswissenschaften zufällt, sehe ich es als meine Aufgabe an, einen Beitrag zur Erhellung des status quaestionis zu leisten. Anderenfalls müßte ich meinen Auftritt eher für zeitraubend als nützlich halten. Das läge aber nicht im Sinne jener Rationalität, über die heute und morgen gesprochen werden muß. Sollte ich — und das wäre der reine Zufall — dem einen oder anderen der Herren Referenten dieser Tagung ins Gehege kommen, dann bitte ich um Nachsicht und gebe zu bedenken, daß wir dann offensichtlich über die gleichen Erfahrungen und Einsichten verfügen, die im Herzen zu bewahren schwerfällt, wenn ich nun einmal auf dieser Rostra vor diesem Auditorium stehe und meine etwas eigenwilligen Improvisationen zu diesem aktuellen Thema vortragen kann.

Es kommt nicht von ungefähr, daß die Verwaltung unter dem negativen Aspekt ihrer Reformbedürftigkeit in den Mittelpunkt des Interesses der Kundigen und Verantwortlichen gerückt, aber auch ebenso auf allen Gassen ins Gerede geraten ist. Das eine ist gut; das andere ist zumindest mißlich. Wenn alle Beamten soviel fehlerhafte Verwaltungsakte setzen würden, wie fehlerhafte Anschauungen und überzogene Kritik an dem Verwaltungshandeln Tag für Tag in die Welt gesetzt werden, dann wäre es um das öffentliche Wohl schlecht bestellt in unserem Vaterlande. Das ist aber noch lange kein Grund zur Selbstberuhigung. Wenn der Begriff Verwaltung — auf dem Bildschirm beispielsweise — aufleuchtet, dann leiden viele auch im Establishment ingrimmig unter Frustrationen, kennen weder Diagnose noch Therapie und wissen weder Rat noch Abhilfe, weil sie einfach die Verwaltung in ihrer Position und Funktion noch nicht oder nicht mehr erfaßt haben.

Daß Verwaltung die Tätigkeit des Staates außerhalb von Rechtsetzung und Rechtsprechung ist, wissen wir aus den Lehrbüchern. Der Frage, wie sich die Aufgaben der Verwaltung im Wandel der Verfassungssysteme entwickelt haben, müssen wir — mit dem roten Faden historisch gesicherter Erkenntnisse in der Hand — näher zu kommen versuchen. Die von Otto Mayer aufgestellte These, daß „Verfassungsrecht vergeht, Verwaltungsrecht besteht", haben wir Jahrzehnte hindurch als eherne Regel akzeptiert. Vielleicht deswegen, weil wir zu taub waren, um das Geflüster neuer Ideen rechtzeitig zu vernehmen. bevor uns das Getrampel der Tatsachen spätestens beim Beginn der zweiten industriellen Revolution überraschte.

Gestatten Sie mir eine sehr kurze und sehr pauschale geschichtliche Reflexion: Auf den im beginnenden 19. Jahrhundert vom Liberalismus geprägten Dualismus von Staat und Gesellschaft setzte eine Entwicklung ein, die dem Bürger die Teilhabe am Gemeinwesen bewußt gemacht und das Verantwortungsbewußtsein des Staates für die Wahrnehmung des allgemeinen Wohles geweckt und zunehmend geschärft hat. Ich brauche Sie nur an die Sozialgesetzgebung Bismarcks zu erinnern. Diese Entwicklung ging zunächst langsam, aber kontinuierlich weiter, wurde durch den ersten Weltkrieg und seine Nachwirkungen forciert mit der Folge, daß sich die Verwaltung in ihrer ganzen Bandbreite immer mehr an die Bevölkerung heranschob, und zwar nicht mehr ausschließlich als die Fehler korrigierende und Sicherheit gewährleistende Ordnungsmacht, sondern als Träger von Leistungen, die in die Gestaltung der Lebensverhältnisse der Allgemeinheit hineinwirkt. Der Not gehorchend hat sich die Weimarer Republik an vielen Ecken und Enden engagieren müssen. Immerhin sollte man nicht übersehen, daß in dem die Ordnung des Wirtschaftslebens einleitenden Artikel 151 der Weimarer Verfassung mit dem Programmsatz, daß „gesetzlicher Zwang im Dienst überragender Forderung des Gemeinwohles zulässig ist", der Wohlfahrtszweck des Staates zum Ausdruck kommt. Jedenfalls begann der gewaltenteilende Staat, sich zunehmend für die Gestaltung der Gesellschaft zu interessieren. Der gesetzesakzessorische Vollzug fiel der Verwaltung zu. Eine Momentaufnahme dieser Entwicklung hat Ernst Forsthoff mit seiner 1938 erschienenen Schrift „Die Verwaltung als Leistungsträger" geliefert und den Begriff von der „sich ausdehnenden Daseinsvorsorge" des Staates geprägt. Der unter dem totalitären Regime und insbesondere in den Kriegsläuften ausgeuferten Verwaltung schärfte der Grundgesetzgeber die Beachtung rechtsstaatlicher Grundsätze ein und die mit der Generalklausel ausgestatteten Verwaltungsgerichte lehren sie zuweilen auch heute noch Leges, um nicht zu sagen „Mores". Derselbe Grundgesetzgeber wollte die neue Verfassungsordnung aber auch sozialstaatlich ausgestalten. Der Begriff des Sozialstaates ist in Artikel 20 Abs. 1 des Grundgesetzes enthalten und durch Artikel 28 auch für die Länder verbindlich geworden. Rechtsstaat oder Sozialstaat — Antinomie oder Synthese — das war einmal ein Streit, der mittlerweile ausgetragen ist. Daß das Prinzip der Sozialstaatlichkeit Gesetzgebung, Verwaltung und Rechtsprechung in gleicher Weise bindet, ist heute unbestritten.

Der Verwaltung wurde ein viel größeres Betätigungsfeld erschlossen, das sie mit den herkömmlichen Ellen des Verwaltungsrechts und den vererbten Methoden der Verwaltungskunst allein nicht mehr ordnungsgemäß zu bestellen vermag. Ich habe mich nicht wenig gewundert, daß ein für ein Staatsorgan tätiger Gutachter der Funktionalreform dadurch beizukommen versuchte, daß er die gesetzlich fixierten Zuständigkeiten der einzelnen Verwaltungsinstanzen karteimäßig zu erfassen und neu zu verteilen versuchte und dabei das weite Feld der nichtgesetzesakzessorischen Verwaltung völlig außer Acht ließ. Gesellschaftspolitik wird heute in entscheidenden Fragen durch den Haushalt gemacht. Der schnelle Wandel der Industriegesellschaft intensiviert diesen Trend und setzt die rasche Reaktionsfähigkeit und die Flexibilität des Verwaltungshandelns und damit eine funktionsgerechte Organisation voraus.

Der dynamische Wandel der Gesellschaft ist in erster Linie durch die Mobilität der Menschen bedingt, die mit Hilfe aller Kommunikationsmittel auf der Straße, auf der Schiene, in der Luft und ebenso durch die moderne Fernmeldetechnik, Rundfunk und Fernsehen samt der damit gegebenen Informations- und Bildungsmöglichkeiten gefördert wird und noch lange nicht die Grenzen des Möglichen erreicht hat, wenn sich auch zeitweise politische Bockbeinigkeit diesem Kommunikationsprozeß in den Weg zu stellen versucht. Dieser Wandlungsprozeß hat die Kraft eines Naturereignisses.

Die Mobilität des Menschen, die als ungeheure Triebkraft den Fortschritt im Rücken hat, besorgt gewaltige Umschichtungen in der Gesellschaft, die der Staat kennen und in sein Kalkül einbeziehen muß. Ich kann hier nur die Grundtendenzen andeuten. Im Primärbereich unserer Volkswirtschaft, das heißt der Landwirtschaft, werden immer *weniger* Erwerbspersonen immer *mehr* erzeugen und den landwirtschaftlichen Ertrag erheblich zu steigern in der Lage sein. Das bedeutet die Freistellung von Erwerbspersonen, die jetzt noch im Agrarsektor beschäftigt sind. Zunächst wird der Sekundärbereich der Volkswirtschaft, das heißt die industrielle Produktion aufnahmebereit sein können, wenn die Politik diese Maßnahmen rechtzeitig prognostiziert und Vorsorge trifft. Ich erinnere an die Förderung der Agrarstruktur und die regionale Wirtschaftspolitik, die in Zukunft Gemeinschaftsaufgaben von Bund und Ländern sein sollen. Aber auch im Bereich der industriellen Produktion wird der technische Fortschritt dazu führen, daß weniger Menschen noch mehr produzieren, wenn sie für diese Arbeit noch besser qualifiziert sind als bisher. Daraus ergibt sich, daß an die Erwerbspersonen in der Altersspanne ihrer vollen Leistungsfähigkeit immer größere Anforderungen hinsichtlich Bildung, Ausbildung, Gesundheit und psychischer Ausgewogenheit gestellt werden, während die verkürzte Arbeitszeit die Lösung der Freizeitprobleme der öffentlichen Daseinsvorsorge als die Kehrseite der Medaille zur Aufgabe macht. Das bedeutet quantitativ und qualitativ einen ungeheuren Zuwachs von Leistungen der Träger öffentlicher Verwaltung in Bund, Ländern und Gemeinden. Diese Steigerung öffentlicher Dienstleistungen wird sich im Personaletat niederschlagen. Nach der mittelfristigen Finanzplanung von Rheinland-Pfalz beispielsweise wird der alljährliche Stellenzuwachs zu 75 Prozent allein von der Unterrichts- und Kultusverwaltung aufgesogen. Der Rest der Zuwachsrate entfällt auf die Bereiche der öffentlichen Gesundheit und Sicherheit.

Auf diese Aufgabensteigerung im Wandel der Gesellschaft im industriellen Zeitalter muß sich die öffentliche Verwaltung einstellen und die politische Leitung muß sie personell, materiell und ideell rechtzeitig ausrüsten, wenn sie ihren Auftrag recht begriffen hat. Die Verwaltung muß funktionsgerecht nicht nur reagieren, sondern auch initiativ agieren. Aufgabe und Funktion sind nicht identisch, und damit komme ich zum Kern des Problems. Es ist nicht damit getan, daß eine Aufgabe erledigt wird; es kommt vielmehr darauf an, daß sie auf der richtigen Etage der Verwaltungsorganisation von den dazu befähigten Funktionären ohne Reibungsverluste durch Unvermögen oder durch Kompetenzkonflikte und Rivalitäten sachgerecht und schnell erledigt und dem Bürger die Entscheidung ins Haus geschickt wird, damit das heute strapazierte Schlagwort von der „ortsnahen Verwaltung“ im Sinne räumlichen Kontaktes als Vorurteil aus der Welt geschafft und durch die Gewißheit sachgerechter Erledigung ersetzt wird. Zum Glück kommt die rasante technische Entwicklung der Verwaltung bei der Erledigung ihrer neuen Aufgaben zu Hilfe.

Ich meine die Einführung der Automation in die öffentliche Verwaltung, die zunächst mit ziemlicher Skepsis aufgenommen wurde. Ende der 50er Jahre stand die Frage im Vordergrund, „ob, unter welchen Voraussetzungen und mit welchen Rechtsfolgen es zulässig ist, die Verwaltungsakte von Menschen auf Maschinen zu übertragen.“ (Zitiert nach Niklas Luhmann.) Ich glaube, daß mit dieser Problemstellung der Blickpunkt etwas einseitig ausgerichtet und das Wesen der elektronischen Datenverarbeitung nicht voll erfaßt war. 10 Jahre später bestreitet niemand mehr, daß ein erheblicher Teil des Aufgabenbestandes der öffentlichen Verwaltung für die Automation geeignet ist, ohne daß dabei ein Mangel an Nachprüfbarkeit in rechtlicher und rechnungsmäßiger Hinsicht zu besorgen ist. In Rheinland-Pfalz hat der von der Landesregierung eingesetzte Ausschuß für die Automationseignung Grundsätze aufgestellt, die ich nur stichwortartig zitieren kann. Danach sind prinzipiell Gebiete mit einer möglichst großen Häufigkeit und einer möglichst großen Gleichförmigkeit der Verwaltungsvorgänge automatisierbar. Arbeitsvorgänge, in denen nur logische und rechnerische Operationen und keine

Ermessensentscheidungen anstehen, sind ebenso für die Automation geeignet wie diejenigen Arbeitsvorgänge, die durch schwierige Berechnungen gekennzeichnet oder mit großem Personalaufwand verbunden sind. Die Eignung einer Aufgabe zur Automation wird auch nicht beeinträchtigt, wenn am *Anfang* oder am *Ende* von Bearbeitungsvorgängen Ermessensentscheidungen stehen.

In naher Zukunft wird ein weites Feld von der Automation beherrscht werden, das von der Berechnung und Zahlbarmachung der Dienst- und Versorgungsbezüge über den Haushaltsvollzug, das Personenstandswesen bis zur Steuerveranlagung und Steuererhebung reicht. Traditionelle Aufgaben werden von Behörden abgezogen und müssen mit der Errichtung von zentralen Rechenzentren funktionsgerecht neu geordnet werden. Der Entlastungseffekt in herkömmlichen Bereichen ist aber nur eine Folge des Einzuges der Automation in die öffentliche Verwaltung. Auf die Dauer kommt vielleicht der Entscheidungshilfe, die der Computer insbesondere den Leitungsorganen zu liefern vermag, noch größere Bedeutung zu.

Hier denke ich an die Probleme, die mit den Informations- und Orientierungsmöglichkeiten einer Datenbank zusammenhängen. Enzyklopädische Auskünfte, schwierige Rechenoperationen und die Verarbeitung von Massendaten können von der Datenverarbeitungsstelle bezogen und Auswertungen auf Grund logischer Konklusionen verlangt werden, die zuvor disponiert oder — schlicht gesagt — hineingefüttert worden sind. Ernst zu nehmende Fachleute stellen die Prognose, daß Anfang der 80er Jahre das gesamte zeitgenössische Wissen in einigen wenigen Computern aufgespeichert und jederzeit die gewünschte Auskunft abgerufen werden kann. Ohne mich auf das Glatteis futurologischer Betrachtungen zu begeben, kann ich im Hinblick auf die angedeuteten Perspektiven ein Zitat aus Servan-Schreibers Bestseller „Die amerikanische Herausforderung" nicht unterdrücken: „Den erregendsten Fortschritt in der Informationstechnik stellt der Computer mit ‚realer Zeit' dar. Das heißt, der Computer und sein Erinnerungsvermögen sind so stark, daß er im Bruchteil einer Sekunde eine ganze Reihe von Fragen beantworten kann, ohne daß man einen Wiederholungsvorgang einschalten muß. Der Mann, der diesen Computer in ‚realer Zeit' bedient, kann mit ihm in derselben Zeit, in der eine normale Unterhaltung abläuft, Dialoge führen." Wenn aber der Computer-Dialog zu Ende ist, steht der Verantwortliche allein vor seiner Entscheidung. Damit wird bei allem Fortschritt die Geworfenheit der conditio humana sichtbar.

„Funktionsgerechte Verwaltung im Wandel der Industriegesellschaft" ist ein ebenso kompliziertes wie komplexes Thema. Es handelt sich darum, der Mobilität der Menschen durch neu zugeschnittene Verwaltungsbezirke und durch eine situationsgerechte Kompetenzverteilung zu entsprechen. Territoriale Deckungsgleichheit von staatlichem und kommunalem Verwaltungsraum ist ebenso erforderlich wie die funktionsgerechte Aufgabenverteilung innerhalb der staatlichen Verwaltungsorganisation und der kommunalen Instanzen unter Berücksichtigung des Subsidiaritätsprinzips, das unsere Grundordnung bestimmt. Daß die von dynamischen Motiven beherrschte Planungsregion eines Tages auch ausschließlich die Grenzen der staatlichen oder kommunalen Verwaltungsregion bestimmen könnte, ist zur Zeit eine unausgetragene Streitfrage. Von dieser Voraussetzung hängt mittelbar auch die Entscheidung ab, ob in Zukunft die Flächenstaaten in der Bundesrepublik in ihrer staatlichen Gliederung zweistufig oder dreistufig organisiert sein sollen. Auch der immer noch unerfüllte Verfassungsauftrag des Art. 29 GG betreffend die Neugliederung des Bundesgebietes und die längst fällige Finanzreform spielen da hinein. Wenn es gelingt, das Bundesgebiet, die Länder und die Gemeinden in optimaler Weise territorial zu gliedern, dann bleibt immer noch die von der Funktion her neu zu ordnende Verteilung der Aufgaben. Das ist der eigentliche Gegenstand unserer Diskussion, die ich hiermit einleiten möchte.

Wissenschaftliche Entwicklung und technischer Fortschritt im Hinblick auf die öffentliche Verwaltung

Von Roman Herzog

I.

1. Das naturwissenschaftlich-technische Zeitalter ist in den letzten Jahren so sehr zum Modebegriff geworden, daß man sich beinahe scheut, es zum Gegenstand rechtswissenschaftlicher und rechtspolitischer Überlegungen zu machen. Macht man sich aber klar, daß hinter Modebegriffen häufig eine Wirklichkeit steht, der sie zwar niemals ganz, aber doch auch niemals überhaupt nicht gerecht werden, so rechtfertigt sich eine wissenschaftliche Behandlung des Gegenstandes durchaus, und wenn man sich dann noch vor Augen hält, daß es gerade diese merkwürdige Mischung aus Realität und Irrealität ist, die Modebegriffen eine erstaunliche, ja sogar höchst gefährliche politische Wirkkraft verleiht, so erscheint es vollends angemessen, eine Tagung wie diese auf das Studium dieses Zeitalters und seiner Bedeutung für einen Teil unseres staatlichen und gesellschaftlichen Lebens zu verwenden.

Nun darf man von einem Referenten vorwiegend rechtsdogmatischer und staatstheoretischer Ausrichtung nicht erwarten, daß er einen vollständigen oder gar sensationellen Überblick über jene Möglichkeiten gibt, die Naturwissenschaft und Technik dem Menschen des 20. Jahrhunderts einräumen, vom Nachrichtenwesen bis zur Waffentechnik, von der Lebensmittelgewinnung bis zum Computer, von der „primitiven" Organverpflanzung bis zu dem, was man heute leichthin „human engineering" nennt und was doch eines Tages zur größten biologischen und ethischen Bewährungsprobe des Menschen werden könnte[1].

Betrachtet man all diese Entwicklungen von den spezifischen Interessen der *Verwaltung* her, so hat man den Bereich der Sensation alsbald

[1] Vgl. aus der staatstheoretischen Literatur hierzu *R. Herzog*, Der Mensch des technischen Zeitalters als Problem der Staatslehre, in: Evangelisches Staatslexikon, 1966, S. XXI—XLVI; *ders.*, Das moderne Menschenbild in rechtlicher Sicht, in: Th. Heckel (Hg.), Das moderne Menschenbild und das Recht, 1966, S. 39 ff.

zu verlassen. Denn die Verwaltung hat es auch im naturwissenschaftlich-technischen Zeitalter weniger mit den Spitzenleistungen als mit dem *„Üblichen"* zu tun, dessen sich der Durchschnittsbürger meist nur dann erinnert, wenn es einmal *nicht* funktioniert. Trotzdem wird das neue Zeitalter auch an ihr nicht spurlos vorübergehen. *Denn auch das „Übliche" ist in einem tiefen Wandel begriffen.* Auch die Entwicklungen, um die es *hier* geht, können in einem so kurzen Referat freilich weder vollständig beschrieben noch vollständig ausgedeutet werden. Es muß genügen, sie in zwei, drei Schlagworten zu umreißen und ihre Eigenart modellartig herauszustellen.

2. Diese Schlagworte, mit denen sich der thematische Umfang unseres Problems umreißen läßt, sind schnell genannt. Zum einen hat es der Mensch in den letzten Jahrzehnten gelernt, die ihn umgebende Natur in einer Weise zu beherrschen und *gestaltbar* zu machen, wie sie frühere Generationen auch nicht ahnen konnten. Man braucht sich nur daran zu erinnern, daß heute die Umgestaltung ganzer Landschaften lediglich ein Energieproblem ist, und daß auch mit der Lösung dieses Problems in absehbarer Zeit gerechnet werden kann, weiterhin daran, daß in der Züchtung neuer, den ökonomischen Bedürfnissen besser gerecht werdender Tier- und Pflanzenarten heute so gut wie alle Grenzen gefallen sind, und — um nur ein einziges Phänomen aus dem Bereich der menschlichen Existenz zu nennen — daran, daß die Beherrschung der Natur, von allen medizinischen Spitzenleistungen einmal abgesehen, innerhalb weniger Generationen mehr als die Verdoppelung der menschlichen Lebenserwartung bewirkt hat. Man muß sich das Mehr an menschlicher Lebensfreude und Hoffnung, aber auch an Bedürfnissen, Sorge und Planungszwang plastisch vorstellen, das allein durch diese Entwicklung freigesetzt worden ist, um die Veränderung unseres Lebens abschätzen zu können.

Damit sind wir aber bereits bei dem zweiten zentralen Phänomen des naturwissenschaftlich-technischen Zeitalters. Man wird diesem Zeitalter nämlich nicht gerecht, wenn man die Begriffe „Naturwissenschaft" und „Technik" nur auf die physikalisch-chemische Umwelt des Menschen bezieht, seine *gesellschaftliche,* vor allem seine *wirtschaftliche* Umwelt aber außer acht läßt. Sie bestimmt sein Leben und sein Lebensgefühl in eben demselben Umfang, in dem beide von seiner physischen Natur mitbestimmt werden, und sie ist durch die Erkenntnisse der Gesellschaftswissenschaften und vor allem der Wirtschaftswissenschaften in den letzten Generationen auch mit Methoden und Ergebnissen erforscht worden, die sich den Methoden der Naturwissenschaft vergleichen lassen und die eine „quasitechnische" Gestaltung der menschlichen Gesellschaft zumindest in Teilbereichen ermöglichen.

Um zu zeigen, was hier gemeint ist, sei nur das handgreiflichste Beispiel genannt. Der Mensch hat es, nachdem er jahrhundertelang bloßes Objekt wirtschaftlicher Konjunkturzyklen gewesen war, in diesem Jahrhundert gelernt, die Ursachen dieser Zyklen zu erkennen, den Gang der Zyklen einigermaßen vorherzuberechnen und ihn jedenfalls so zu steuern, daß Katastrophen weitgehend ausgeschlossen sind. Wie gesagt handelt es sich hierbei aber nur um ein besonders markantes Beispiel. Es besteht Anlaß zu der Annahme, daß auch andere gesellschaftliche Probleme den Charakter des Naturereignisses eingebüßt haben und zu halbwegs kalkulierbaren Größen geworden sind.

3. Will man die Stellung der Verwaltung in diesem veränderten Zeitalter fixieren, so kommt es freilich weniger auf die Kenntnis der *Bereiche* an, die von der naturwissenschaftlich-technischen Entwicklung erfaßt worden sind, als vielmehr darauf, die *Wesenszüge* dieser Entwicklung zu erkennen. Nur wenn man *sie* in den Griff bekommt, läßt sich nämlich ausmachen, ob das naturwissenschaftlich-technische Zeitalter der Verwaltung mehr als nur Zuständigkeitsverschiebungen oder allenfalls Zuständigkeitserweiterungen bringt.

a) Die erste Tatsache, die es hier festzuhalten gilt, besteht darin, daß man heute sowohl in den Naturwissenschaften als auch in den Gesellschaftswissenschaften auf einer Kenntnis der Zusammenhänge aufbauen kann, die bisher in der menschlichen Geschichte beispiellos ist. Daraus ergibt sich einmal sozialanthropologisch, daß der Bereich, in dem sich der Mensch Schicksalsmächten hilflos ausgeliefert fühlt, mehr und mehr zugunsten jenes Bereiches schrumpft, in dem er Krisen und Katastrophen sich selbst oder genauer seiner Regierung oder seiner Gesellschaft zuzuschreiben hat.

Zweitens ergibt sich daraus, daß die gesellschaftliche und vor allem die wirtschaftliche Zukunft in einem gewissen Ausmaß *berechenbar* geworden ist. Wenn es nämlich möglich ist, die Tatsache B als eine zwingende Folge der Tatsache A nachzuweisen, so ist umgekehrt bei der Feststellung, daß A vorliegt, auch die *Prognose* möglich, es werde B eintreten. Selbstverständlich liegen die Dinge im gesellschaftlichen Bereich komplexer, als es diese einfache Formel nahelegt, und selbstverständlich kann man hier oft auch nicht mit Gewißheiten, sondern nur mit Wahrscheinlichkeiten rechnen. Das ändert aber an der Grundtatsache nichts, daß die Welt, in der und an der gerade auch die Verwaltung zu arbeiten hat, heute der Prognose ungleich zugänglicher ist, als das vor einem Menschenalter auch nur zu ahnen war.

Damit hat sich aber gleichzeitig auch die Möglichkeit der *ziel- und planmäßigen Gestaltung* unserer Umwelt entscheidend erweitert. Wenn es nämlich möglich ist, beim Vorliegen von A auf den Eintritt von B zu schließen, so ist es u. U. auch möglich, dann, wenn man den Eintritt von B wünscht, A absichtlich herbeizuführen. Anders ausgedrückt: Es ist in vielen Bereichen unseres gesellschaftlichen Lebens heute nicht nur eine Prognose, sondern darüber hinaus eine *Lenkung* oder zumindest *Beeinflussung der Geschehensabläufe* möglich geworden. Der Mensch ist zumindest dabei, das weitere Schicksal seiner Art selbst in die Hand zu nehmen.

b) Nun bedeutet der Umstand, daß der Mensch solche Möglichkeiten *hat,* logisch zwar noch keineswegs, daß er von ihnen tatsächlich auch *Gebrauch macht.* Er kann sich nach wie vor auf den Standpunkt stellen, es sei besser, unumgängliche gesellschaftliche Entwicklungen nicht von sich aus herbeizuführen und zu steuern, sondern sie wie bisher der fast als naturgesetzlich empfundenen Gesetzlichkeit sozialer Entwicklungen zu überantworten. Aber einmal beruht die Beibehaltung dieses Ordnungsprinzips des Liberalismus in diesem Augenblick schon nicht mehr auf Notwendigkeit, sondern auf einer politischen *Entscheidung,* und zum andern läßt auch manches an der uneingeschränkten Richtigkeit einer solchen Entscheidung zweifeln.

Einmal beruht die liberale Hoffnung, es könne sich *allein* aus dem Automatismus gesellschaftlicher Vielfalt die „richtige" oder auch nur *eine* „richtige" Gesellschafts- und Weltordnung entwickeln, ohne daß irgendeine Stelle diese Entwicklung ständig beobachte und bei der Gefahr von Fehlentwicklungen korrigierend eingreife, auf einem Weltbild und einem Menschenbild, das wir heute schwerlich noch zu teilen vermögen. Die stillschweigende Voraussetzung dieser uralten liberalen Grundthese ist nämlich, daß entweder der Mensch als ein prinzipiell vernünftiges Wesen gesehen wird, welches durch Versuch und Irrtum gewissermaßen im Traume das Richtige zu finden vermag, oder aber, daß man an eine prästabilierte Weltordnung glaubt, die sich im Handeln der Menschen *entfaltet,* mögen diese es wollen oder nicht. Zieht man das eine wie das andere in Zweifel, so wird man dem Selbststeuerungsmodell des Liberalismus *ohne Kontrolle und ohne Korrektur* nur Argwohn entgegenbringen können.

Außerdem handelt es sich bei den Entwicklungen, von denen hier die Rede ist und mit denen es künftig auch die Verwaltung zu tun haben wird, um *Massenvorgänge,* die, wenn man sie aus sich heraus entstehen läßt, als solche zu *teuer* und zu *irreversibel* sind, als daß sie sich die moderne Gesellschaft im Falle der Fehlentwicklung leisten könnte. Es mag sein, daß die Geschichte insgesamt das Experimentierfeld eines einsam waltenden Weltgeistes ist. Die Probleme, vor denen wir heute stehen, sind aber zu weitgesteckt und zu präjudiziell für die künftige gesellschaftliche Entwicklung, als daß wir es uns leisten könnten, jeweils nur *ein* Experiment durchzuführen, dessen Auswahl überdies mehr oder weniger dem *Zufall* überlassen ist. Nur allzu leicht könnte hier der wichtigste Bestandteil des Prinzips von Versuch und Irrtum verlorengehen, der darin besteht, daß aus dem Irrtum dann auch *die Konsequenzen gezogen werden*. Nicht nur die Freiheit des einzelnen, sondern auch die Freiheit der Völker, ja die Freiheit der Gattung homo sapiens insgesamt könnte verloren gehen, wenn an den großen Wegscheiden die *Disziplin* fehlt.

II.

1. Die Bewältigung der Aufgaben, die im ersten Teil dieses Referates ausgedeutet worden sind, ist nicht von der Verwaltung *allein* zu erwarten. Der *Staat als Ganzes hat sich ihnen zu stellen*, ja es scheint mehr und mehr den Gedankengängen der modernen Staatstheorie zu entsprechen, daß er in der Eigenschaft als Instrument der Gesellschaft zur Bewältigung dieser Aufgaben sein eigentliches Wesen und seine eigentliche Existenzgrundlage findet[2].

In unserem Zusammenhang bedeutet das, daß wir uns nur die Frage zu stellen haben, welche Rolle die Verwaltung *innerhalb* der Staatsorganisation im naturwissenschaftlich-technischen Zeitalter und insbesondere bei der Bewältigung der von diesem gestellten Fragen zu spielen hat.

2. Faßt man in einem Verfassungssystem jener Art, wie es das Grundgesetz etabliert hat, das Parlament und die Regierung unter Vernachlässigung der zwischen ihnen bestehenden Gewichteverteilung und der zwischen ihnen ununterbrochen stattfindenden Gewichteverschiebung unter dem Oberbegriff *„Staatsführung"* oder „Staatsleitung" zusammen, so hat die Verwaltung gegenüber den staatsleitenden Organen stets eine *dienende Funktion* besessen, wenn auch der Eindruck nicht von der Hand zu weisen ist, daß es sich dabei gelegentlich um die Rolle eines sehr einflußreichen Dieners handelt.

In diesem Sinne hat die Verwaltung die Direktiven der Staatsführung zu *vollziehen*, wobei es gleichgültig ist, ob diese Direktiven in Parlamentsgesetzen oder in den politischen Richtlinien des Regierungschefs oder der Ressortminister niedergelegt sind.

Aufgabe der Verwaltung ist es daneben zu allen Zeiten gewesen, die politische Führung nach bestem Wissen und Gewissen zu *beraten*, ihr

[2] So — auf der Grundlage der Staatslehre *Hermann Hellers* — die neueren Arbeiten von *M. Draht*, insbesondere sein Art. „Staat", in: Evangelisches Staatslexikon, Sp. 2114 ff., und *R. Herzog*, daselbst S. XXXVI ff.

auf diese Weise den ganzen Sachverstand der „Linie“ und — in dem Umfang, in dem diese bestanden — auch der „Stäbe“ zur Verfügung zu stellen, was häufig zu dem mitunter beklagten, letztlich aber gar nicht zu vermeidenden Zustand geführt hat, daß die politische Führung nur noch zwischen zwei oder drei Alternativen entscheiden konnte, die ihr die Verwaltung als denkbar und praktikabel herausdestilliert hatte.

Aufgabe einer guten Verwaltung gegenüber einer guten politischen Führung ist es schließlich stets gewesen, das Leben und die Entwicklung der Gesellschaft zu *beobachten*, auftretende Schwierigkeiten zu diagnostizieren und entweder im Rahmen ihrer eigenen Zuständigkeit Abhilfe zu suchen oder doch bei den Führungsorganen in Richtung auf politische oder gesetzgeberische Abhilfe aktiv zu werden.

3. Es besteht auch heute kein Anlaß zu der Annahme, daß die Verwaltung in Zukunft gegenüber den politischen Führungsorganen eine andere Stellung einnehmen wird. Was sich ändern wird, sind die *Aufgaben* dieser Führungsorgane und infolgedessen auch die Verfahren und Instrumente, bei deren Anwendung die Verwaltung der politischen Führung zur Seite zu stehen hat und mit denen sie zu arbeiten hat, wenn die politischen Führungsorgane einmal die Entscheidung über den grundsätzlichen Weg gefällt haben. Denn daß es angesichts der grundsätzlich veränderten Umstände neuer Instrumente und Verfahren, juristisch gesprochen: *neuer Rechtsinstitute* bedarf, um der neuen Aufgaben Herr zu werden und die neuen Chancen zu nutzen, ist auch dann nicht zu bezweifeln, wenn man mit dem Referenten der Ansicht ist, daß schon das bisherige Instrumentarium bei weitem nicht so antiquiert ist, wie es manche Juristen sehen und wie es noch mehr manche Laien sehen möchten.

III.

1. Das erste Instrument, das hier zu nennen ist, ist selbstverständlich die *Planung*. Es heißt fast offene Türen einrennen, wenn hier noch einmal betont wird, daß weder der Staat als Ganzes noch die Verwaltung für sich imstande sein wird, den großen Aufgaben der unmittelbaren Zukunft ohne klare Vorstellungen von den anzustrebenden Zielen, den vorhandenen und beschaffbaren Mitteln, dem zweckmäßigsten und wirksamsten Einsatz dieser Mittel und schließlich von den notwendigen Zeiträumen, kurz also ohne ein in sämtlichen Phasen ziel- und planmäßiges Vorgehen gerecht zu werden[3].

---

[3] Allgemein zu dieser Problematik *J. H. Kaiser* (Hg.), Planung, 3 Bde., 1965 ff., auch *R. Herzog*, Gesetzgeber und Verwaltung, VVDStRL Heft 24, S. 201 ff.

a) Dabei muß man sich gerade unter Juristen über zweierlei im klaren sein. Einmal geht es hier nicht oder doch nicht in erster Linie um jenen Typ der Planung, an dem sich die juristische Diskussion zuerst entzündet hat, nämlich um die sogenannte Raumordnung; bei den Raumordnungs- und Bauleitplänen handelt es sich weder um die wichtigsten noch um die charakteristischsten Beispiele eines staatlichen Plans[4]. Und zum andern kann es auch nicht um jene Fragestellung gehen, von der aus sich die juristische Diskussion dem Phänomen Planung genähert hat, nämlich um die Frage nach der Rechtsnatur der einzelnen Pläne und damit nach dem Rechtsschutz gegen sie. Auch diese Fragen sind zweifelsohne wichtig, besonders für den betroffenen Bürger[5]. Weder von der Verwaltung noch vom Staat als Ganzem her wird man dem instrumentalen Charakter der Planung auf diese Weise aber *gerecht* werden können.

b) Staatliche Planung hat es, wie das Beispiel der Raumordnungs- und Bauleitpläne zeigt und wie unter Hinweis auf Haushaltspläne, Mehrjahrespläne usw. auch immer wieder betont worden ist, zu allen Zeiten gegeben. Es wäre müßig, die Aufzählung dieser Planungstypen hier wiederholen zu wollen[6]. Viel wichtiger ist es, hier einmal an die Grundtatsache zu erinnern, daß *jede* generell-abstrakte Norm, sie sei in einem Gesetz, in einer Rechtsverordnung oder in einer Verwaltungsvorschrift niedergelegt, in sich bereits ein Element der Planung enthält, da sie *auch* darauf angelegt ist, das Handeln von Verwaltungsbehörden oder Gerichten zu *koordinieren* und schließlich auch zu *projektieren*. Denn was anderes sollte es denn bedeuten, wenn in einer Vorschrift gesagt wird: in der oder jener Situation wird die Staatsverwaltung oder das zuständige Gericht in der oder jener Weise reagieren? Daß dieser Koordinations- oder Projektionseffekt um so größer ist, je kompakter und eingehender die fragliche Norm Voraussetzungen und Inhalte des staatlichen Handelns umschreibt und je weniger sie Entscheidungsermessen einräumt, liegt auf der Hand[7]. Doch muß man sich darüber klar sein, daß auch die polizeiliche Generalklausel mit ihrer globalen Umschreibung der Voraussetzungen und des Inhalts polizeilichen Eingreifens und mit ihrem Opportunitätsprinzip unleugbar solche Koordinations- und Projektionselemente enthält.

---

[4] Vgl. etwa die Ausführungen von *H. P. Ipsen* auf der Würzburger Staatsrechtslehrertagung, VVDStRL Heft 24, S. 223.

[5] Vgl. unter diesem Gesichtspunkt die zahlreichen Untersuchungen zur Rechtsnatur des Plans, an ihrer Spitze die Referate *M. Imbodens* und *K. Obermayers* auf der Erlanger Staatsrechtslehrertagung, VVDStRL Heft 18, S. 113 ff., 144 ff.

[6] Dazu etwa die Aufzählung bei *Obermayer*, aaO., S. 146 f.

[7] Hierzu *R. Herzog*, VVDStRL Heft 24, S. 191.

c) Trifft das aber zu, dann lohnt es sich, hier die Frage aufzuwerfen, worin sich der Plan vom klassischen Gesetz, zumindest aber vom Verwaltungsgesetz heutiger Prägung unterscheidet[8]. Das ist nicht nur eine rechtssystematische und rechtstheoretische Frage von grundlegender Bedeutung, sondern es besteht Anlaß zu der Vermutung, daß die Antworten, die sich auf sie finden lassen, auch unmittelbare Rückschlüsse auf die *organisatorische* Struktur der projektierenden Verwaltung und auf die *geistige* Struktur des projektierenden Verwaltungsbeamten zulassen.

Das klassische Gesetz, das heute nur noch den geringsten Teil gesetzgeberischer Aufmerksamkeit genießt, hat den Anspruch erhoben, an einer als unveränderlich gedachten *Gerechtigkeitsidee* orientiert und damit grundsätzlich *für alle Zeiten* geschaffen zu sein. Diesen Sachverhalt haben Forsthoff und Menger in ihren großen Arbeiten über das Maßnahmegesetz mit Nachdruck betont. Was *soziologisch* hinter diesem Gesetzesbegriff steht und was bisher zu wenig ausgesprochen worden ist, ist folgendes: Ein Gesetzesbegriff, der sich an einer als unveränderlich gedachten Gerechtigkeitsidee orientiert und der infolgedessen von der Kodifizierbarkeit des Rechtes ausgeht, baut stillschweigend auf der Vorstellung einer vorgegebenen, in ihrem tatsächlichen Substrat *unveränderlichen Gesellschaft* auf. Nur wenn die Gesellschaft als unveränderlich gedacht wird, läßt es sich vertreten, sie durch unveränderliche und nicht *von vornherein* auf Novellierung angelegte Kodifikationen zu regeln. *Hier* liegt auch der eigentliche Grund dafür, daß unser Staat und unsere Gesellschaft in den letzten zwei Generationen so gut wie gar keinen „Beruf zur Gesetzgebung" empfunden haben. Eine Zeit, in der die Gesellschaft in Bewegung geraten ist, muß im Hinblick auf diesen „Beruf" tatsächlich mehr als unsicher werden.

Die Forsthoffsche Entdeckung[9] hat nun bewirkt, daß man heute dem alten Normgesetz in den sogenannten *Maßnahmegesetzen* einen neuen Gesetzestyp zur Seite stellt. Wenn dieser Begriff auch häufig mißverstanden worden ist — etwa im Sinne von „Einzelfallgesetz", „Einzelpersongesetz" usw. —, so liegt ihm doch in seinem ursprünglichen Verständnis eine unangreifbare Beobachtung zugrunde: Der Staat des 20. Jahrhunderts erläßt in der Tat mehr und mehr Gesetze, die zur Bewältigung *konkreter*, aus historischen Gründen meist sogar krisenhafter Situationen beitragen sollen, etwa zur Bewältigung von Nachkriegs- und Vertreibungsproblemen, zum Ausgleich sozialer Nöte, zur Bekämp-

[8] Zum folgenden insgesamt *E. Forsthoff*, Über Maßnahme-Gesetze, in: Ged.-Schr. f. W. Jellinek, 1955, S. 221 ff.; *Chr.-Fr. Menger*, Das Gesetz als Norm und Maßnahme, VVDStRL Heft 15, S. 3 ff. und *K. Huber*, Das Maßnahmegesetz.

[9] Die selbstverständlich auf der C. Schmittschen Unterscheidung von Gesetz und Maßnahme basiert; vgl. *C. Schmitt*, VVDStRL Heft 1, S. 95 ff.

fung krisenhafter Entwicklungen des Wirtschaftslebens usw. Es ist ihnen gemeinsam, daß sie auf eine gewissermaßen schicksalhaft entstandene Schwierigkeit *reagieren*, daß sie, um es überspitzt zu formulieren, ein *Flickwerk von Gegenmaßnahmen* darstellen[10].

d) Bezieht man nun die Möglichkeit mit in die Betrachtung ein, daß der Staat nicht nur auf schicksalhaft empfundene Entwicklungen im Schoße der Gesellschaft *reagiert*, sondern daß er diese Entwicklungen selbst *in die Hand nimmt*, ziel- und planmäßig steuert und ständig mit wach beobachtenden Augen verfolgt, so erkennt man, daß diese Aufgabe einen *dritten Typ von Gesetzen* verlangt, der im Gegensatz zum klassischen Normgesetz die Gesellschaft als eine *dynamische Größe* versteht und sich im Gegensatz zum Maßnahmegesetz nicht auf die Reaktion beschränkt, sondern *selbständige Impulse* für künftige Entwicklungen gibt, ein Gesetzestyp also, der nicht auf präsente Krisen, sondern auf vorausgesehene oder doch zumindest vorausgeahnte Fragen der Zukunft antwortet.

Der Typ dieses *Planungsgesetzes*[11], den es entweder durch Verfassungsänderung oder durch eine neue Verfassungspraxis im Rahmen der geltenden Vorschriften zu schaffen gilt, muß insbesondere folgende Eigenschaften aufweisen:

aa) Er muß der Tatsache Rechnung tragen, daß die Gesellschaft nicht mehr als Konstante betrachtet werden kann und daß die notwendigen Maßnahmen daher nur über einen verhältnismäßig engen Zeitraum hinweg erkannt werden können. Das bedeutet, daß Gesetze dieser Art entweder von vornherein nur auf eine beschränkte Zeitspanne erstreckt werden können oder daß sie für mehrere Entwicklungsstufen jeweils getrennte Regeln vorsehen müssen[12], so wie das etwa der EWG-Vertrag für die wirtschaftliche Integration Europas vorgesehen hat[13].

---

[10] Daraus müßten sich genau genommen übrigens auch Folgen für die Geltungsdauer solcher Gesetze ergeben; denn es liegt doch nahe, sie entweder überhaupt zu befristen oder jedenfalls mit dem Ende der Situation, zu deren Bewältigung sie erlassen worden sind, automatisch außer Kraft treten zu lassen.

[11] Folgendes ist klarzustellen: Ebenso wie Normgesetz und Maßnahmegesetz keine scharf trennbaren Gegensätze sind (vgl. dazu etwa *Th. Maunz*, in: Maunz-Dürig, GG, Art. 20, Randnr. 100), sondern nur polare, im Einzelfall ineinander übergehende „Idealtypen", gilt das auch für die hier sogenannten Planungsgesetze. Es geht nicht darum, einen neuen, in Gesetzgebungsverfahren und verfassungsgerichtlicher Kontrolle für sich stehenden Staatsakt zu „erfinden", sondern darum, nachzuweisen, daß der Gesetzgeber bei bestimmten Akten *praktisch* bestimmten Erfordernissen gerecht werden muß.

[12] Dieses Elements des Planungsgesetzes kann sich der Gesetzgeber, wenn er nur das Gespür dafür hat, heute schon bedienen; das GG verwehrt ihm insofern nichts.

[13] Vgl. dazu *C. F. Ophüls*, Die Europäischen Gemeinschaftsverträge als Planungsverfassungen, in: J. H. Kaiser (Hg.), Planung I, 1965, S. 229 ff.

bb) Planungsgesetze müssen, wenn sie einmal ausdiskutiert und ausgehandelt sind, vor dem Regime parlamentarischer Zufallsmehrheiten gesichert werden. Das bedeutet, daß es den zu ihrer Ausführung ergehenden Spezialgesetzen versagt sein muß, einfach auf Grund des Satzes von der lex posterior den Planungsrahmen stillschweigend zu verändern, wie das vor Jahren Helmut Quaritsch an der hamburgischen Bauplanungspolitik so heftig kritisiert hat[14]. Dabei ist es eine Frage von untergeordneter Bedeutung, ob dieser Effekt dadurch erzielt werden soll, daß man nur den Hauptplan oder Rahmenplan als förmliches Gesetz erläßt, die Einzelausführung aber der Verordnung überantwortet, oder ob man die Einzelausführung dem förmlichen Gesetz vorbehält, dafür aber den Rahmenplan auf eine eigene Stufe zwischen dem formellen Gesetz und der Verfassung anhebt[15].

cc) Weiterhin muß der Tatsache Rechnung getragen werden, daß Formulierung und Durchführung des Planungsgesetzes dem Prinzip von *Versuch und Irrtum* noch mehr unterliegen als die Maßnahmegesetze, bei denen diese Tatsache ja zu den bekannten Novellierungsexzessen geführt hat. Bei einem Maßnahmegesetz, das auf eine konkrete, ziemlich genau beschreibbare Situation antwortet, kann man sich möglicherweise noch auf das „System" der endlosen Novellierung einlassen. Das Rechtsinstitut des Planungsgesetzes dagegen wird dieser Notwendigkeit einer ständigen Überwachung der Planbewährung durch ein *institutionalisiertes Fortschreibungsverfahren* Rechnung tragen müssen[16].

dd) Damit hängt schließlich zusammen, daß die Planungsgesetzgebung, ähnlich wie die Maßnahmegesetzgebung, dafür aber ganz anders als die klassische Normgesetzgebung, fundamental auf den Gehorsam der angesprochenen Bevölkerungskreise angewiesen ist und auf diesen Gehorsam infolgedessen auch *hinzuzielen* hat. Das klassische Normgesetz konnte es sich leisten, gegenüber dem Vertragsbruch oder der unerlaubten Handlung jenen unterkühlten Agnostizismus zu bewahren, der sich darauf beschränkte, daran Folgen wie Unterlassungsanspruch, Schadenersatzanspruch usw. zu knüpfen, ja es konnte sich als Strafgesetz sogar zu einem Typ entwickeln, der den Ungehorsam gegenüber der Rechtsordnung definitionsgemäß zur Voraussetzung nahm und selbst den Nichteintritt der an den Ungehorsam geknüpften Strafsanktion unter der Überschrift „Dunkelziffer" in das juristische Abnormitätenkabinett verwies. Das Planungsgesetz wird sich diesen Agnostizismus ebensowenig leisten können wie schon bisher das Maß-

[14] *H. Quaritsch*, Das parlamentslose Parlamentsgesetz, 1961.

[15] Nur für die letztgenannte Lösung bedürfte es m. E. — entgegen der Ansicht von *H. Quaritsch* — einer Verfassungsänderung. Sehr viel klüger wäre praktisch allerdings die erstgenannte Lösung.

[16] Auch dieses Bedürfnis ist ohne Verfassungsänderung zu befriedigen.

nahmegesetz. Es wird sich daher auch nicht auf so zweifelhafte Vollzugsgarantien wie Verwaltungszwang oder Strafzwang verlassen können, sondern es wird in noch weit größerem Umfang als schon bisher mit den Mitteln des finanziellen Anreizes, der Belehrung, der Werbung, des Angebots von Informationen[17] arbeiten müssen[18].

2. Es liegt auf der Hand, daß so ein differenzierter und so diffiziler Gesetzestyp, wie er soeben in Umrissen dargestellt worden ist, auch an die *Verwaltung* Anforderungen stellt, die in jeder Phase auftreten, in der Verwaltungsorgane mit dem Gesetz überhaupt in Berührung kommen können. Hier sollen wenigstens zwei Gesichtspunkte herausgegriffen werden.

a) Der eine knüpft an die Funktion der Verwaltung bei der Vorbereitung und Vorberatung von Gesetzen an. Wie schwierig diese schon bei den herkömmlichen Gesetzestypen ist, braucht hier wohl nicht ausgeführt zu werden. Erwähnung verdient aber, daß sich diese Schwierigkeiten bei einem Planungsgesetz, das es ja nicht mit einer konkret vorhandenen, sondern nur mit einer virtuellen, gedachten Situation zu tun hat, noch multiplizieren. Wenn man sich klar macht, daß das Planungsgesetz noch mehr als das Maßnahmegesetz mit der Methode von Versuch und Irrtum zu arbeiten hat, und wenn man sich zudem vor Augen hält, wie kostspielig, ja unter Umständen gefährlich ein fehlgeleiteter Versuch selbst dann sein kann, wenn er stets und ausnahmslos als *Versuch* verstanden wird, dann ergibt sich daraus das selbstverständliche Gebot, die Risiken eines solchen Versuches so weit wie irgend möglich zu *kalkulieren* und zu determinieren.

Dazu gibt es wiederum zwei Möglichkeiten, die man in der Sozialwissenschaft mit den Begriffen der *Erfahrung* und des *Experiments* bezeichnet. Da wir bis zum heutigen Tage mit den Problemen, um die es hier geht, verhältnismäßig wenig Erfahrung haben, liegt der Akzent selbstverständlich auf dem Experiment. Hier gilt es für die Verwaltung brauchbare Methoden zu entwickeln, wobei man sich schon von Anfang an darüber klar sein muß, daß es neben realen Experimenten, wie sie etwa in bestimmten technischen Bereichen unumgänglich sein mögen, auch *simulierte* Experimente gibt, etwa das Planspiel oder den Einsatz des Computers, die häufig auch unter rechtlichen Aspekten ihre Vor-

---

[17] Auf den „entscheidungspsychologischen" Mechanismus, der hier angesprochen ist, sei hier nicht eingegangen. Man bedenke aber, daß die Information über die wirtschaftlichen Absichten des Staates (die sog. indikative Planung) einer der beiden Automatismen ist, auf denen die französische planification beruht.

[18] Auch das fordert natürlich keine Verfassungsänderung, wird ja auch seit langem erfolgreich und unangefochten praktiziert.

züge haben, da bei ihnen weder Gleichheitsprobleme noch sonstige Grundrechtsprobleme auftreten[19].

b) Die zweite grundlegende Aufgabe, die die Verwaltung in diesem Zusammenhang trifft, ist die *Beobachtung* der Durchführung und Bewährung des konkreten Gesetzes, die den Gesetzgeber erst befähigt, eine nach dem Prinzip von Versuch und Irrtum aufgebaute Fortschreibung seines Gesetzgebungswerkes zu leisten. Erst vor kurzem hat ein so hervorragender Kenner der Materie wie *Fritz Werner* darauf hingewiesen, daß unsere heutigen parlamentarischen Gesetzgeber ihre Gesetzgebungsarbeit im allgemeinen als mit dem Gesetzesbeschluß abgeschlossen betrachten und daß sie sich auch nicht ansatzweise darüber Rechenschaft geben, welche Auslegung die von ihnen geschaffenen Normen in der Verwaltungs- und Gerichtspraxis erfahren und welche praktischen Auswirkungen sie damit zeitigen[20]. In der Tat überläßt man die Erfüllung dieser Aufgabe weitgehend den Interessenverbänden, die sich freilich nur dann zu Wort melden werden, wenn die von ihnen vertretenen Interessen nicht genügend berücksichtigt werden, und allenfalls noch der Arbeit oberflächlich informierter Massenmedien. Eine Strukturpolitik, die sich in größerem Umfang der Rechtsfigur des Planungsgesetzes bedient, wird nicht darum herumkommen, auch hier eine grundsätzliche Änderung herbeizuführen. Wenn nicht das Parlament selbst herauszufinden sucht, inwieweit sich die Diagnosen und Prognosen bewahrheiten, auf denen seine Planungen beruhen, wird diese Aufgabe ganz automatisch der Verwaltung zufallen. Es ist deshalb an der Zeit, Methoden und Formen zu entwickeln, die dafür eingesetzt werden können[21].

IV.

1. Damit stellt sich die Frage, wie die Verwaltung *aussehen* muß, die sich aller dieser Aufgaben zu entledigen hat. Aus der Fülle der Problemkreise, die hier anzusprechen wären, sollen zunächst nur zwei genannt werden, nämlich die Frage nach den *Organisationsformen*, in denen eine moderne Verwaltung ihre Führungsaufgaben erfüllen soll, und daneben die Frage nach dem Bild des *Verwaltungsbeamten*, von dem

---

[19] Es ist mehr als zweifelhaft, ob die Tatsache, daß A in den Bereich eines Experiments gerät, B dagegen nicht, für sich ein sachlicher Grund i. S. der Rspr. des BVerfG zu Art. 3 Abs. 1 GG ist, der eine unterschiedliche Behandlung beider rechtfertigt.

[20] *Fritz Werner*, Das Bundesbaugesetz in der Bewährung, in: Berliner Festschr. f. Ernst E. Hirsch, 1968, S. 240.

[21] In diese Richtung weist jetzt übrigens auch eine wichtige Passage des MühlenG-Urteils des BVerfG, NJW 1969, 499 ff.

ihre Erfüllung erwartet werden kann. Im Zentrum der folgenden Überlegungen soll zunächst die zweite Frage stehen; auf die erste soll hier nur insoweit eingegangen werden, wie es der Zusammenhang erfordert. Es wird sich nicht umgehen lassen, einige Gedanken vorzutragen, die auszusprechen heute Mode ist. Es ist aber schon darauf hingewiesen worden, daß auch in Modebegriffen und Modeforderungen meist ein realer Kern steckt, und es ist infolgedessen nicht so sehr die Aufgabe wissenschaftlicher Betrachtung, Modebegriffe und Modeforderungen nur als solche zu entlarven und vollständig zurückzuweisen, sondern es kommt darauf an, sie auf den richtigen Kern und damit auf jene Grenzen zurückzuführen, innerhalb deren ihre Berechtigung nicht bestritten werden kann.

2. Die populären Forderungen, die in unserem Zusammenhang häufig zu hören sind, lassen sich in folgenden drei Punkten zusammenfassen: 1. Bildung von „Verwaltungsstäben“ neben den normalen Ministerialabteilungen und Behördenzügen, die man dann wohl als „Linie“ bezeichnen müßte und die im folgenden auch so bezeichnet werden sollen, 2. Übergang von der monokratischen zur kollegialen Organstruktur, die meist mit dem englischen Wort „Teamwork“ belegt wird, und 3. Heranziehung eines nicht mehr vorwiegend juristisch, sondern soziologisch-technisch gebildeten Beamtentyps.

a) Daß ein Staat, der sich die planmäßige Gestaltung der Zukunft zum Ziel setzt, nicht ohne eine nach allen Richtungen überlegte und nach allen Seiten gesicherte Planungsstrategie und damit auch nicht ohne „Planungsstäbe“ auskommen kann, liegt auf der Hand. Ob es sich dabei um parlamentarische Hilfsorgane oder um Exekutivorgane handeln soll oder ob die Entwicklung der Planungsstrategie vollends nur in einem Zwiegespräch zwischen Organen beider Typen vor sich gehen soll, muß bei der Beschränkung unseres Themas auf die Verwaltung unbeantwortet bleiben, wiewohl es sich dabei um *die* beherrschende verfassungspolitische Frage der nächsten Jahrzehnte handeln dürfte[22]. Es dürfte noch viel Erfahrung notwendig sein, um hier die zweckmäßigsten, sichersten und zugleich effektivsten Organisations- und Verfahrensmuster zu entwickeln, Muster, die ja nicht nur unter dem Gesichtspunkt größtmöglicher Leistungsfähigkeit, sondern auch unter dem Gesichtspunkt bestmöglicher Garantie der *menschlichen Freiheit* beurteilt werden müssen.

---

[22] Übrigens gibt es derartige Planungsstäbe heute schon in vielen Ministerien, ohne daß freilich, soweit ersichtlich, schon endgültige und in jeder Hinsicht überzeugende Organisations- und Verfahrensformen gefunden worden wären. In zunehmendem Maße scheint sich insbesondere das Bundeskanzleramt in einzelnen Abteilungen zu einer Superbehörde dieses Typs zu entwickeln.

b) Wie weit in derartigen Planungsstäben vom Prinzip der Einzelverantwortlichkeit zum Prinzip der *Gruppenverantwortlichkeit*, das heißt aber zu den verschiedenen Formen der Teamarbeit übergegangen werden soll, ist eine Frage, die heute unter den verschiedensten sachlichen wie auch ideologischen Gesichtspunkten erörtert wird. Man wird sie nicht ohne Rückbesinnung auf einige Binsenwahrheiten der Organisationstechnik beantworten können.

Die erste von diesen Binsenwahrheiten ist, daß an der Wiege jeder organisatorischen Maßnahme Gesichtspunkte der *Leistungsfähigkeit* und nicht ideologische Wunschträume oder das Bedürfnis nach Modellspielereien stehen müssen. Das hat insbesondere für das heute wieder so sehr in Mode gekommene Stichwort „Demokratisierung" zu gelten. Soweit damit der Rekurs auf eine plebiszitäre Entscheidung gemeint ist, wird man sich damit in unserem Zusammenhang schon deshalb nicht weiter zu befassen haben, weil plebiszitäre Entscheidungen in der ständig komplizierter werdenden Welt des 20. Jahrhunderts auf keinen Fall mehr in solchen Fragen verantwortet werden können, bei denen selbst der gebildete Durchschnittsmensch weder in die Voraussetzungen noch in die Folgen seiner Antwort Einsicht zu nehmen imstande ist[23]. Versteht man, wie es dem Sprachgebrauch offenbar mehr und mehr entspricht, unter Demokratisierung dagegen nur die Verteilung von Macht auf mehrere Schultern[24], so wird man sich einfach die nüchterne Frage stellen müssen, ob der so gewonnenen Intra-Organ-Kontrolle, die wegen der Geltung des Mehrheitsprinzips ja immerhin recht zweifelhaft ist, jene Kosten-, Zeit- und Reibungsverluste zum Opfer gebracht werden sollen, die mit jedem Übergang von einer monokratischen zu einer kollegialen Organverfassung verbunden sind, und ob diese Verluste etwa durch jene wachsende Kreativität ausgeglichen werden können, die ein Teil der amerikanischen Kreativitätsforschung dem Teamwork zuspricht. Schließlich aber wird man noch zu bedenken haben, daß eine Oligarchisierung keine Demokratisierung ist.

Die Dinge mögen liegen, wie sie liegen wollen; heute läßt sich eigentlich nur mit Sicherheit sagen, daß sie von Organ zu Organ, von Aufgabe zu Aufgabe unterschiedlich liegen. Notwendig und damit die Kosten rechtfertigend dürfte der Übergang zum Teamwork in der Verwaltung dort und nur dort sein, wo Sachkenntnisse vorausgesetzt werden müssen, deren Besitz erfahrungsgemäß überhaupt nicht oder doch auch von Spitzenkräften der Verwaltung nicht erwartet werden kann.

---

[23] Allgemein sei zu der Frage, in welchen Bereichen heute plebiszitäre Elemente ihre Berechtigung haben, hier nicht Stellung genommen. An den Punkten, um die es im Text geht, verbieten sie sich von selbst.

[24] So wird das Schlagwort z. B. in den Debatten um die Hochschulorganisation vorwiegend verwendet, obwohl es dort meist um Oligarchisierung geht.

Hier liegt das *zentrale Problem* der künftigen Beamtenausbildung, nämlich in der Frage, ob und bejahendenfalls in welchen Positionen man einen in vielen Fachbereichen, dafür aber zwangsläufig nur oberflächlich gebildeten Beamtentyp verwenden kann, oder ob man nicht zumindest in bestimmten Bereichen eher auf den hochgradig spezialisierten Beamten zurückgreifen soll, dem dann freilich auch eine *spezifische Offenheit* gegenüber den Fragestellungen und Methoden anderer Disziplinen, das heißt eine *Disposition zum Teamwork*[25] anerzogen werden müßte.

c) Mit Nachdruck muß aber betont werden, daß diese Gretchenfrage künftiger Verwaltungspolitik nur auf jene Verwaltungsbereiche bezogen werden kann, die sich entweder mit der Ausarbeitung oder mit der Fortschreibung zentraler Planungsprojekte befassen. Die Bedürfnisse dieser Stabsarbeit zur Maxime einer allgemeinen Beamtenausbildung oder gar einer allgemeinen Verwaltungspolitik zu machen, hieße das Kind mit dem Bade ausschütten. Es wäre Snobismus anzunehmen, daß der Beamte der Zukunft bis herunter zum letzten Regierungsrat an einem Landratsamt oder Finanzamt das sein müßte, was man heute so gerne als „Sozialingenieur" bezeichnet, und daß er auf Grund seiner Ausbildung oder gar auf Grund der Laufbahnordnung den Marschallstab des Gesellschaftsplaners gewissermaßen — man verzeihe das Bild — als Buchzeichen in seinem Sartorius tragen müßte. Es wäre ein verwaltungspolitisches Vabanquespiel ersten Ranges, auf jenen fleißigen und soliden Anwender rechtlicher oder technischer Regeln zu verzichten, der heute so oft als stur und formalistisch denunziert wird und der doch bei aller Sturheit und aller Begriffereiterei, die hier gar nicht in Abrede gestellt werden soll und die auch nicht als Tugend angepriesen werden soll, die *Gleichheit der Gesetzesanwendung* und damit die *Gleichheit der Staatsbürger überhaupt* gewährleistet. Es ist zu wiederholen, was in anderem Zusammenhang zumindest schon angedeutet worden ist: Die Exekutive braucht dringend das, was für die alte Armee der Generalstab war. Wenn sie darüber aber die Linie vergißt oder die Linie gar abzuschaffen versucht, wird sie jenes funktionsfähige Instrument zugrunderichten, ohne das auch der Staat der Zukunft weder reagieren noch agieren kann.

3. Damit erhebt sich die letzte Frage, die in unserem Zusammenhang angesprochen werden soll: Die Frage nach der Rolle und nach dem Schicksal des *Juristen* in der künftigen Verwaltung.

Daß er in jenen Verwaltungsbereichen, die wir als „Linie" bezeichnet haben, auch weiterhin unentbehrlich sein wird, kann kaum bestritten

[25] Vgl. dazu die grundlegenden Ausführungen von *Karl W. Deutsch*, Politische Kybernetik, 1969, S. 86 zum wissenschaftlichen Teamwork.

werden, wenn auch manches dafür spricht, daß das sogenannte Juristenmonopol, das ohnehin nie existiert hat, in vielen Verwaltungszweigen noch weniger bestehen wird als bisher. Die zentrale standespolitische Frage *ist* aber gar nicht, ob es ein Juristenmonopol gibt und ob sich dieses aufrechterhalten läßt. Die zentrale Frage ist vielmehr, ob der Jurist, vor allem der Verwaltungsjurist, den man wohl schon in absehbarer Zeit durch einen ganz anderen Ausbildungsgang wird schleusen müssen als etwa den Justizjuristen, dazu verurteilt ist, auf Grund seiner Ausbildung „Linienbeamter" zu bleiben, oder ob er — nicht auf Grund autodidaktisch zugelernten Fachwissens, sondern einfach auf Grund seiner juristischen Ausbildung und seiner Fähigkeit zu vorwiegend normativem Denken — auch in den „Stäben" eine hervorragende Rolle zu spielen hat.

Um das Ergebnis vorwegzunehmen: Er wird diese hervorragende Rolle zu spielen haben.

Das hängt einmal damit zusammen, daß die Gesellschaft der Zukunft in noch viel größerem Umfange als schon die gegenwärtige Gesellschaft durch *Rechtsnormen* geordnet und gelenkt werden wird, weil schon in zahlreichen klassischen Verwaltungsgebieten jene Standards verloren zu gehen scheinen, die bis jetzt Rechtsnormen noch weitgehend überflüssig gemacht haben, daneben aber auch, weil es neue Verwaltungsbereiche zu beackern gelten wird, auf denen mit solchen Standards von vornherein nicht gerechnet werden kann.

Wo es aber Rechtsnormen gibt, da ist der Jurist nicht nur bei ihrer Durchführung, sondern erst recht bei ihrer Formulierung unentbehrlich, ganz besonders dann, wenn mit ihnen nicht irgendein Ordnungseffekt, sondern ganz bestimmte Ziele verfolgt werden sollen, wie es schon der Maßnahmegesetzgebung, erst recht aber einer künftigen Planungsgesetzgebung eigen sein wird. Dann kommt es entscheidend darauf an zu wissen, wie vollständig und wie eindeutig der Norminhalt formuliert wird und formuliert werden kann. Denn jeder, der einmal mit Normanwendung zu tun gehabt hat, weiß, daß ein ungenau und vage formuliertes Gesetz keineswegs die gesamte Entwicklung des geregelten Problemkreises zu lenken vermag, sondern daß es höchstens einen mehr oder minder weiten Rahmen für die autonome Ausgestaltung durch die Vollzugsbehörden steckt. Je mehr es für den Planungsgesetzgeber aber darauf ankommt, die Entwicklung *selbst* zu lenken und in der Hand zu halten, desto unentbehrlicher wird für ihn der qualifizierte Jurist sein, der ihm 1. auf Grund seiner juristisch-methodologischen Kenntnisse und 2. auf Grund seiner praktischen Erfahrungen mit dem Normvollzug sagen kann, wo der Gesetzgeber wirklich selbst das Heft in der Hand behält und wo er sich dies nur einbildet. Wir werden in der

Juristenausbildung dementsprechend gesteigertes Augenmerk auf die Normierungstechnik zu richten haben.

Noch ungleich wichtiger ist die zweite Funktion, die den Juristen bei der „Verplanung“ unserer Gesellschaft trifft. Denn diese Verplanung mag so notwendig und so zukunftsträchtig sein, wie sie will; sie stellt immer zugleich auch eine eminente Bedrohung der menschlichen *Freiheit* dar, die wegzudiskutieren Selbstbetrug wäre. Die Gefahr, daß die Technologen das Mögliche und Erreichbare schon deshalb wollen, *weil* es möglich und erreichbar ist, ohne sich die Frage zu stellen, ob es auch *wünschenswert* ist, ist mindestens genauso groß wie die heute schon zu beobachtende Neigung mancher Sozialwissenschaftler, einfach das für richtig und gut zu halten, was *ist* oder wohin *„der Trend“* geht. Daß in vielen Bereichen kühne Projekte in die Zukunft gebaut werden müssen, ist aus unseren bisherigen Überlegungen klar genug hervorgegangen. Je kühner und folgenschwerer ein Projekt aber ist, desto bohrender muß es nicht nur auf seine Realisierbarkeit und auf seine Projektionsschärfe, sondern auch auf seine *Wünschbarkeit unter dem Gesichtspunkt der menschlichen Freiheit und Würde* befragt werden. Erst wenn feststeht, daß das, was verwirklicht werden *kann*, auch verwirklicht werden *soll*, kann der Startschuß verantwortet werden[26].

Diese Frage nach dem Sollen zu stellen, ist niemand geeigneter als der Jurist, dessen Denkweise ja ohnehin eine normative ist, der, um es anders auszudrücken, ohnehin gewohnt, ja darauf dressiert ist, nach dem Sollen zu fragen. Das Instrument, das ihm dazu an die Hand gegeben ist, sind die in den rechtsstaatlichen Verfassungen verankerten *Grundrechte*, die zwar unter den veränderten gesellschaftlichen und politischen Umständen ebenfalls einer neuen, extensiven Auslegung bedürfen, deren Kerngedanken aber nicht nur Leitbilder für die Kanalisierung absolutistischer Polizeigewalt und sozial-liberaler Wirtschaftspolitik, sondern auch für die Kanalisierung einer zukunftsweisenden Gesellschaftspolitik sein müssen[27].

Daß der juristisch geschulte Beamte unter diesen Umständen auch in Zukunft häufig als der *unbequeme Jurist* empfunden werden wird, der „jeden echten Fortschritt hemmt“, liegt auf der Hand, und daß er es auch wirklich sein wird, wenn ihm der Gesetzgeber weiterhin den Vollzug unzureichender, ja antiquierter Gesetze zumutet, ist ebenfalls nicht

---

[26] Dazu vor allem *R. Herzog*, in: Evangelisches Staatslexikon, S. XXXVII; *ders.*, Das moderne Menschenbild (vgl. Anm. 1), S. 56 f.

[27] Vgl. hierzu allgemein *N. Luhmann*, Grundrechte als Institution, 1965 und *R. Herzog*, Grundrechte und Gesellschaftspolitik, in: Berliner Festschr. f. Ernst E. Hirsch, 1968, S. 63 ff.

zu bestreiten. Deshalb kommt letzten Endes alles darauf an, daß er selbst es zunehmend lernt, rechtspolitisch zu denken und rechtspolitisch zu handeln. Den Rest aber, die Denunziationen derer, die nicht imstande sind, Bewegung und Fortschritt zu unterscheiden, wird er mit Würde tragen müssen. Denn das ist die wichtigste Aufgabe des Staates der Zukunft: daß er dem Menschen inmitten der Totalisierungstendenzen, die das naturwissenschaftlich-technische Zeitalter in verstärktem Maße entwickeln wird, seinen legitimen Freiheitsbereich wahrt. Daran mitzuwirken, ist eine hohe Aufgabe.

Ziele der Raumordnung und Landesplanung nach dem Gliederungsprinzip der funktionsgesellschaftlichen Siedlungsstruktur

Von Gottfried Müller

I. Die Entwicklung von Stadt und Land aus säkularer Sicht[1]

1. Die großräumige Siedlungsentwicklung

Das Grundraster unserer Siedlungsstruktur stammt noch weitgehend aus der agraren, vorindustriellen Gesellschaftsordnung des 19. Jahrhunderts. Unter Anpassung an die topographischen Gegebenheiten verteilen sich dörfliche und zentralörtliche Bereiche in auffallender Regelmäßigkeit über ländliche Zonen außerhalb reiner Bausiedlungsgebiete. Etwa 4 km liegen die einzelnen dörflichen Kerne voneinander entfernt. Ihre Gemarkungsfläche umfaßt im Durchschnitt etwa 10—12 qkm, so daß sich bei einer Einwohnerdichte von 50—150 pro qkm eine Einwohnerzahl von 500—1800 pro Gemeinde ergibt. Die niederen Zentralorte liegen im allgemeinen 10—14 km voneinander entfernt, so daß sie bei einem Einzugsbereich von r = 5—7 km und einer Bevölkerungsdichte von durchschnittlich 100 Einwohnern pro qkm etwa 7500—15 000 Einwohner erfassen, für die sie zentrale Dienste niederer Ordnung „produzieren", etwa durch die Leistungen eines mindestens doppelzügigen Volksschulsystems oder einer Apotheke, deren Kapazitäten ja bekanntlich auf eine derartige Besatzziffer ausgerichtet sind.

Dazwischen haben sich zentrale Orte in abgestufter Ordnung entwickelt, die nun ihrerseits „Bedeutungsüberschuß für ihre Einzugsbereiche produzieren". So gibt es z. B. Zentralorte, die radial etwa 10—12 km Einzugsbereiche haben, also rd. 24 km voneinander entfernt sind. Diese erfassen bei ländlicher Siedlungsdichte ca. 30 000—50 000 Einwohner und erreichen damit eine Besatzziffer, die für die Versorgung mit Leistungen „höherer Art", z. B. mit Oberschulen, ausreicht. Kreisstädte haben oft einen Einzugsbereich von 15—20 km Tiefe; so daß die Kreisfläche etwa 70 000—150 000 Einwohner einschließt.

---

[1] Vgl. hierzu *Gottfried Müller*, Kommunale Neuordnung im Bonner Raum unter Berücksichtigung des Gliederungsprinzips der funktionsgesellschaftlichen Siedlungsstruktur, Bonn 1968 (herausgegeben vom Landkreis Bonn).

Diese gebietliche Verwaltungs- und Siedlungsstruktur der vorindustriellen agraren Gesellschaftsordnung ist auch heute noch in weiten Teilen ländlicher Zonen erkennbar. Für sie traf und trifft z. T. auch in der Gegenwart noch immer zu, was W. H. Riehl vor mehr als 100 Jahren in seiner „Naturgeschichte des deutschen Volkes" ausführte:

„Im Bilde der Gemeinde ahnt und begreift das Volk erst den Staat ... nicht bloß in der Lehre, sondern auch in der Geschichte geht der Weg von Familie und Stamm zum Staat und der Gesellschaft durch die Gemeinden ...

Die Gemeinde ist nicht bloß eine politische, sie ist vielmehr in erster Linie eine soziale Körperschaft: Die Gemeinsamkeit der Arbeit, des Berufes und der Siedlung begründet das Gemeindeleben, welches erst durch den Staat hinterdrein eine sekundäre politische Form gewinnt."

Die Erfordernisse der neu sich bildenden industriellen Gesellschaftsordnung stießen unvorbereitet in diese gewachsene räumliche Ordnung. Nach der Lehre der klassischen Nationalökonomie sollten, durch Angebot und Nachfrage über den „Markt" gesteuert, die drei Produktionsfaktoren Arbeit, Boden und Kapital zusammentreffen zum Zwecke der industriellen Produktion. Die Gesetzmäßigkeiten der Arbeitsteilung und Massenproduktion verlangten hierzu Konzentration von Arbeitskraft und Kapital in standortgünstigen Bereichen. So haben die Bedürfnisse der aufkommenden industriellen Gesellschaftsordnung eine Kluft zwischen Stadt und Land aufgerissen, die unser Kronzeuge W. H. Riehl bereits vor 100 Jahren erkannte und auch analysierte, indem er in etwa feststellte:

„Überall wo Menschen sich in ungeheuren Massen zusammenfinden, blüht Arbeit und reift Gewinn und der Nationalökonom freut sich darüber ...

Aber abseits der Wirtschaftszentren bleiben die Menschen arm und die Dörfer werden menschenleer."

So hat die neue industrielle Welt das Problem des Strukturgefälles zwischen „Stadt" und „Land" verschärft oder in vielen Gebieten völlig verändert. Zuvor aber mußten für die wachsenden Einwohnerzahlen industrieller Bereiche die Einrichtungen der Daseins-Vorsorge geschaffen werden, die durch die initiale industrielle Raumbeanspruchung induziert wurden. Der polizeilich organisierte und eingestellte „Staat der Gefahrenabwehr" überließ diese Aufgabe weitgehend den Gemeinden, die für Wohnungen, Schulen, Wasser usw., kurzum für die gemeindliche Infrastruktur zu sorgen hatten. Hierbei verlangten wachsende Einwohnerzahlen ständig zunehmenden Mitteleinsatz und größeren gemeindlichen Planungs- und Lebensraum. Wir müssen erkennen, daß die Entwicklung großstädtischer kommunaler Bereiche wesensnotwendige Voraussetzung für die industrielle Gesellschaftsordnung war.

Inzwischen sind die großstädtischen Agglomerationen weiter und z. T. weltweit gewachsen, und zwar in einem Ausmaß, über das man auch heute noch nur selten klare Vorstellungen antrifft. Unter dem modernen Begriff der Verdichtungs- und Ballungsgebiete finden wir derartige Konurbationen in allen Teilen der Welt: in Amerika von Boston bis Washington, von Chikago bis Pittsburg oder von San Diego bis San Francisco; die Stadtregion von Los Angeles ist 120 km lang und hat eine Tiefe von 75 km. Das Ruhrgebiet hat heute eine Ost-West-Ausdehnung von etwa 120 km erreicht bei einer Nord-Süd-Tiefe von ca. 40—70 km und ist selbst nur Teil der Rhein-Ruhr-Ballung, die sich überdies von Wesel bis Remagen entlang der Rheinschiene als Städte-Band von 120 km Länge erstreckt und insgesamt eine Einwohnerzahl von ungefähr 11 Millionen umfaßt. Aus der Metropolis wurde die Metropolitan Area, die Stadtregion. Der Forschungsausschuß „Raum und Bevölkerung" der Akademie für Raumforschung und Landesplanung (Vorsitz O. Boustedt) hat die Stadtregionen in der Bundesrepublik Deutschland nach dem Stande der Volkszählung 1961 untersucht und in einer Veröffentlichung dargestellt. Aus der dieser Veröffentlichung beigefügten Karte ist zu ersehen, daß sich diese Stadtregionen nahezu nahtlos aneinanderreihen. Der Rhein-Ruhr-Ballung schließt sich im Süden nach nur etwa 20 km die Stadtregion Neuwied—Andernach—Koblenz an, die eine Länge von etwa 40 km hat und bereits nach 35 km Anschluß an die sich von Mainz in einer Ost-West-Ausdehnung von 100 km über Hanau bis Aschaffenburg erstreckende Stadtlandschaft des Rhein-Main-Raumes findet, deren Nord-Süd-Entwicklung von Friedberg/Frankfurt bis Darmstadt bereits 70 km mißt. Nur ein kurzer Abstand von 10—20 km bildet das Übergangsgebiet zur Stadtlandschaft Worms—Ludwigshafen—Mannheim—Heidelberg, die ziemlich nahtlos in das inzwischen auf etwa 280 km Länge angewachsene Städteband Karlsruhe—Pforzheim—Heilbronn—Stuttgart—Göppingen—Heidenheim—Ulm—Augsburg—München überleitet, das eigentlich nur noch zwischen Ulm—Augsburg bzw. Augsburg—München Zäsuren von etwa 30 bzw. 15 km hat.

Das Lage-System der Stadtregionen zeigt in den übrigen Teilen der Bundesrepublik ein ähnliches, wenn auch zur Zeit noch abgeschwächtes Bild. Im ganzen fügen sich die bundesdeutschen Stadtregionen harmonisch in ein großes westeuropäisches Achsensystem ein, dessen Leitlinie von Nord nach Süd etwa der Rhein bildet, während von West nach Ost die Verkehrsachse Paris bzw. Brüssel—Aachen—Rhein—Ruhr—Hannover—(Hamburg bzw. Bremen)—Magdeburg—Berlin bzw. Leipzig den Verlauf bestimmt. Es ist sicher begründet, wenn die Niederländer in ihrer Prognose für das Jahr 2000 davon ausgehen, daß sich in Nordwest-Europa von der Rheinmündung bis zur Rhein-Ruhr-Ballung beiderseits des Rheins einschließlich des Achsenkreuzes Paris/Brüssel—Hamm eine „Delta-Stadt" von etwa 45 Millionen Einwohnern entwickeln wird, die nördlich des Kanals sich im Großraum London fortsetzt. Die Metropolis, die Großstadt wird über die Stadtregion zur Ecumenopolis (Doxiadis), zur Weltstadt.

2. Die funktionsgesellschaftliche Siedlungsstruktur

Wir wissen, daß wir uns z. Z. in einer Wende säkularen Ausmaßes befinden: Die industrielle Gesellschaftsordnung mit ihren für sie typischen räumlich-strukturellen Merkmalen wird durch die nachindustrielle, die Funktionsgesellschaft abgelöst. Die Entwicklung unserer Verkehrsmittel und -anlagen hat die Ausweitung unseres täglichen Bewegungsraumes ermöglicht, vor allem das Auto. Zugleich aber auch — gewissermaßen gegenströmig — wird vermutlich, psycho-soziologisch bedingt, der einzelne und seine Familie wieder stärker Anlehnung und Bindung an seine Nachbarschaft, an seine tägliche Umwelt suchen. Im ganzen gesehen führt diese „Maßstabsvergrößerung" zunehmend zu einer funktionalen Arbeitsteilung zwischen den Gemeinden eines regionalen Bereiches, etwa dergestalt, daß man in der einen Gemeinde wohnt, in der anderen arbeitet, durch die dritte mit Wasser und Energie versorgt wird bzw. in bezug auf Abwasser und Müll entsorgt wird, in der vierten seine Groß- und Spezialeinkäufe tätigt, sich zum Wochenende in der fünften erholt usw. (Isbary). Während also in der agraren und industriellen Gesellschaftsordnung noch weitgehend die Gemeinde als örtliche Gemeinschaft die Einheit des Lebensraumes darstellte, werden in der Funktionsgesellschaft ehemals gemeindliche Aufgaben der Daseins-Vorsorge zu übergemeindlichen bzw. regionalen.

Typische Aufgaben der Daseinsvorsorge im kommunalen Kontakt- und Nahbereich bleiben dagegen sicherlich solche Aufgaben, die besonders auf den täglichen Bedarf der Familie ausgerichtet sind, also im täglichen Bewegungsraum der Familie vorgehalten werden müssen.

Hierzu gehören etwa Volksschule, Gymnasium, Realschule, Sonderschule, Sportplatz, Freibad, Hallenbad, Bücherei, Kindergarten, Kinderhort und -spielplätze, Jugendheim, Altenheim, Gemeindepflegestation, Friedhof, Feuerwehr, Müllabfuhr u. ä. Für diese Einrichtungen gilt der Grundsatz: je näher um so besser, je gebündelter um so besser. Die Wirtschaftlichkeit der für diese Aufgabenerfüllung erforderlichen kommunalen Infrastruktureinrichtungen hängt aber entscheidend von der Besatzziffer ab, d. h. es sollten möglichst mindestens etwa 30 000 bis 50 000 Einwohner im täglichen Nahbereich durch diese Einrichtungen versorgt werden können. Mit anderen Worten: Je größer die Bevölkerungsdichte ist, um so geringer kann die Versorgungsentfernung sein, um so mehr kann das Dargebot an Leistungen der kommunalen Infrastruktur gebündelt werden. Umgekehrt: Je geringer die Bevölkerungsdichte ist, um so mehr wachsen die Versorgungsentfernungen, vor allem in bezug auf „höhere Leistungen", soweit diese nämlich eine höhere Einwohner-Besatzziffer erfordern.

Bei funktionaler Arbeitsteilung zwischen den Gemeinden eines regionalen Bereichs werden u. a. folgende ehemals örtliche zu überörtlichen, d. h. regionalen Aufgaben: der Nahverkehr, die Müllbeseitigung, die Zuordnung von Arbeits- und Wohnstandort, die vorbereitende Bauleitplanung, kurzum: der Ausbau der regionalen Infrastruktur.

Das Problem der Zuordnung von Arbeits- und Wohnstandort führt zum Begriff der Mobilität. Im zeitlichen Zusammenhang, sicher auch ursächlich dadurch ausgelöst, steht dieser für die Funktionsgesellschaft typische Prozeß mit der Entwicklung bisher nicht vorstellbarer Produktivkräfte. Betriebswirtschaftliche und technische Rationalisierung, vor allem die Automation und gleichzeitige Ausweitung der Märkte haben bewirkt, daß die agraren und klassischen industriellen Wirtschaftsgebiete bei hoher Produktionssteigerung stetig und zunehmend Arbeitskräfte freisetzen, die im Bereich ihrer heimatlichen Wohnsitze kaum oder nur beim Vorhandensein günstiger Standortvoraussetzungen wieder einen Arbeitsplatz finden können. Hinzu kommt, daß diese Entwicklung von Produktivkräften gleichzeitig einen unsere gewachsenen wirtschaftlichen und sozialen Strukturen erschütternden Substitutionsprozeß ausgelöst hat, und zwar dergestalt, daß z. B. nicht nur der Automat oder die Maschine die menschliche Arbeitskraft ersetzen; sondern gleichzeitig verdrängt beispielsweise der Kunststoff das Eisen, das Leder, das Gummi sowie Wolle und Baumwolle oder das Öl die Kohle, das Auto die Eisenbahn aus der Fläche usw. Damit kommt auch die im gemeindlichen und regionalen Bereich gewachsene Zuordnung von Arbeit, Boden und Kapital in Bewegung (Faktor-Allokation). Mit anderen Worten: Für die räumliche und soziale Ordnung der Funktionsgesellschaft wird immer mehr das Erfordernis einer flexiblen Anpassung an neue Entwicklungen erkennbar. Räumliche und berufliche Mobilität sind die geeigneten Mittel der Anpassung. Es liegt auf der Hand, daß gesunde Verdichtungsgebiete optimale Voraussetzungen zur Meisterung dieses Problems bieten. Eine in diesem Sinne verstandene Förderung gesunder Verdichtungsgebiete und -bänder ist somit ein geeignetes Mittel der Strukturpolitik. Hierbei ist von besonderer Bedeutung, daß die enorme Ausweitung der Produktion, die Erhöhung der Kaufkraft, die wachsenden Ansprüche an Bildung und Ausbildung und die Zunahme der öffentlichen Aufgaben eine erhebliche Ausweitung der sog. tertiären Arbeitsbereiche des Handels, des Verkehrs, und aller übrigen Dienstleistungen bewirkt hat, die ihren Standort vornehmlich in städtischen Zentren und Nebenzentren haben, während industrielle Betriebe mit ihrem wachsenden Flächenbedarf immer mehr in standortgünstige Außenbezirke abgedrängt werden, was durch sinkenden Arbeitskräftebesatz pro Flächeneinheit erleichtert wird.

Im ganzen gesehen zeigt die funktionsgesellschaftliche Siedlungsstruktur so das Bild einer arbeitsteilig geordneten Städte-Landschaft, die, räumlich getrennt, jedoch funktional einander zugeordnet, städtische Haupt- und Nebenzentren mit tertiären Arbeitsbereichen, Industriegebieten, Wohnbereichen, Erholungsräumen, agraren Bereichen sowie Ver- und Entsorgungs-Anlagen umfaßt, wobei es Aufgabe des Verkehrs ist, die funktionale Arbeitsteilung zu ermöglichen und zu fördern, vor allem aber die teilräumliche Entwicklung der übergeordneten harmonisch einzufügen.

Es zeigt sich bei näherer Betrachtung des vorstehend skizzierten Prozesses räumlicher Mobilität, daß er in ganz typischen Formen einer großräumigen Kontraktion verläuft.

II. Was ist „Ziel der Landesplanung?“[2]

Was *„Ziel der Landesplanung“* ist, ergibt sich:

a) aus dem Raumordnungsgesetz (ROG) vom 8. 4. 65 (BGBl. I S. 306). Nach § 3 Abs. 2 gelten nämlich die Grundsätze des § 2 unmittelbar für die Landesplanung in den Ländern, d. h. die *Grundsätze des § 2 sind „Ziele der Landesplanung“;*

b) aus dem jeweiligen Landesplanungsgesetz.

Hier soll als Beispiel auf das Landesplanungsgesetz des Landes Nordrhein-Westfalen vom 7. 5. 1962 (GV. NW. S. 229) hingewiesen werden, da für dieses Land bereits weitgehend „Ziele der Landesplanung“ aufgestellt worden sind. (Vor kurzem haben auch die Länder Rheinland-Pfalz und Schleswig-Holstein in ihren Landesentwicklungsprogrammen „Ziele der Landesplanung“ bekanntgemacht.) § 11 des Landesplanungsgesetzes für das Land Nordrhein-Westfalen bestimmt:

Die „Ziele der Landesplanung“ werden im Landesentwicklungsprogramm, in Landesentwicklungsplänen und in Raumordnungsplänen dargestellt. (Nach § 14 enthalten Raumordnungspläne die „Ziele der Landesplanung“ für die räumliche Gestaltung des Gebietes einer Landesplanungsgemeinschaft. Raumordnungspläne sind der Gebietsentwicklungs-

---

[2] Vgl. *H. G. Niemeier*, Landesplanungsrecht in Nordrhein-Westfalen, Essen 1967; vgl. *H. G. Niemeier* und *G. Müller*, Raumplanung als Verwaltungsaufgabe, Hannover 1964.

plan und der Flächensicherungsplan.) Landesentwicklungsprogramm, Landesentwicklungs- und Raumordnungspläne werden zusammenfassend als *„landesplanerische Pläne"* bezeichnet, aus denen sich die *„Ziele der Landesplanung"* verbindlich ergeben, sofern und soweit die „landesplanerischen Pläne" rechtsförmlich einwandfrei zustande gekommen sind. Wie das im einzelnen zu geschehen hat, regelt das Landesplanungsgesetz und die 2. Durchführungsverordnung zum Landesplanungsgesetz vom 30. 7. 63 (GV. NW. S. 265). Form und möglicher Inhalt „landesplanerischer Pläne" ergeben sich aus der 3. DVO vom 16. 2. 65 (GV. NW. S. 39).

Zu betonen ist noch, daß gemäß den „Verwaltungsvorschriften zum Landesentwicklungsprogramm" vom 7. 8. 64 (MBl. NW. S. 922) die „Pläne der Landesplanung" *nicht* Rechtsvorschriften sind, sondern *Verwaltungsanordnungen*, die in einem förmlichen Verfahren erlassen sind. Ihre rechtliche Bedeutung besteht darin, daß sie Richtlinien für alle behördliche Entscheidungen, Maßnahmen und Planungen sind, die für die Raumordnung und Landesplanung Bedeutung haben. Sie wirken im Bereich der Landesplanung, der Fachplanungen, der Bauleitplanungen sowie bei sonstigen raumrelevanten Entscheidungen, die eine Behörde in Ausübung des ihr zustehenden Ermessens treffen kann.

III. Die Ziele der Raumordnung und Landesplanung

1. Die Bundes-Raumordnung

Im Rahmen dieser Untersuchung sollen nur Nr. 1—6 der Raumordnungsgrundsätze betrachtet werden, da sich die *„Ziele der Bundes-Raumordnung"*, soweit diese sich aus § 2 ROG ergeben, nur im Zusammenhang des Gesamtsystems der Grundsätze Nr. 1—6 zutreffend ableiten lassen. Es wird hierbei dem Gang einer Untersuchung[3] gefolgt, die gemeinsam mit G. Isbary und H. J. von der Heide als Forschungsauftrag für den Bundesminister des Innern erstellt wurde, und zwar mit dem Auftrag: „Inhaltliche Darstellung einer Abgrenzung der Gebiete mit gesunden Struktur- und Lebensbedingungen". Nach den Grundsätzen Nr. 1—6 des § 2 ROG ergeben sich drei Kategorien von Strukturgebieten, nämlich:

1. *Problemgebiete.* Es kann sich bei ihnen beispielsweise um industrielle oder agrarische Problemgebiete handeln. Es können auch die sog. Bundesausbaugebiete gemeint sein, deren Abgrenzung bekanntlich im wesentlichen mittels der Kriterien des Brutto-Inlandproduktes,

---

[3] Vgl. *G. Isbary, H. J. v. d. Heide* und *G. Müller,* Gebiete mit gesunden Struktur- und Lebensbedingungen — Merkmale und Abgrenzung —, Hannover 1969.

des Industriebesatzes, der Bevölkerungsdichte und -bewegung sowie des Realsteueraufkommens erfolgte.

2. Gebiete mit gesunder Struktur.

3. Gebiete mit noch nicht gesunder Struktur, die aber auch nicht Problemgebiete sind.

Diese Dreiteilung erlaubt noch nicht, Rückschlüsse hinsichtlich der „Ziele der Bundes-Raumordnung" zu ziehen. Sie läßt aber schon erkennen, daß auf alle Fälle diese Ziele verschieden sein können, je nachdem, ob es sich um *Gebiete mit gesunder oder nicht bzw. noch nicht gesunder Struktur* handelt. Dieser Fragestellung ist daher zunächst nachzugehen.

Der Begriff *gesunde Lebens- und Arbeitsbedingungen* (§ 2 Nr. 1 Abs. 1, Nr. 2 und Nr. 6 Abs. 1 S. 1 ROG) wird im schriftlichen Bericht (zu Drucks. IV/3014) dahin umschrieben, daß er „die Gesamtheit aller Lebensbedingungen, die sich aus der Nutzung des Raumes und seiner strukturellen Gestaltung ergeben, umfaßt, nicht etwa nur klimatisch gesunde Bedingungen". Als Kriterien für die „strukturelle Gesundheit" eines Gebietes kommen wohl — so auch im sog. Saro-Gutachten — in Betracht:

a) ausgeglichenes Verhältnis zwischen Bevölkerungszahl und regionaler Tragfähigkeit,
b) ausgewogene wirtschaftliche Struktur,
c) ausreichende Grundausstattung mit den für die Lebensführung erforderlichen öffentlichen und privaten Einrichtungen,
d) angemessene Verdienstmöglichkeiten, Erreichbarkeit der Arbeitsstätten bei vertretbarem Aufwand an Zeit und Geld.

Zusammenfassend und vereinfacht ausgedrückt bedeutet das, daß in Gebieten mit gesunden Lebens- und Arbeitsbedingungen sowie ausgewogenen wirtschaftlichen, sozialen und kulturellen Verhältnissen die Umweltverhältnisse mit den menschlichen Lebensbedürfnissen unserer Zeit übereinstimmen müssen, d. h. es kommt vor allem darauf an, daß ausgewogene Verflechtungen der menschlichen Hauptlebensfunktionen — arbeiten, wohnen, sich bilden, erholen und verkehren — bestehen. Geht man nämlich von den Hauptlebensfunktionen und ihren vielschichtigen Verflechtungen im Raume aus, so lassen sich unabhängig von kommunalen oder sonstigen Verwaltungsgrenzen jene Gebiete greifen, die als *Raumordnungseinheit* zusammengehören. Es braucht eigentlich nicht besonders betont zu werden, daß diese Hauptlebensfunktionen des menschlichen Daseins heute wohl regelmäßig nicht mehr im Gebiet einer *einzelnen Gemeinde* wahrgenommen werden können. Das gilt für alle Teile der Bundesrepublik und vor allem auch für die verschiedenen Gebietskategorien des § 2 ROG (Verdichtungsräume, Problemgebiete, landwirtschaftliche Vorranggebiete usw.). Damit ist zugleich auch ein Prinzip angesprochen, das für alle Teilbereiche der Bundesrepublik zu beachten ist, ganz gleich, ob es sich um industrielle oder agrare bzw. städtische oder ländliche handelt, nämlich *das Prinzip der Verdichtung.* Im Grundsatz § 2 Nr. 2 ROG heißt es:

„Eine Verdichtung von Wohn- und Arbeitsstätten, die dazu beiträgt, räumliche Strukturen mit gesunden Lebens- und Arbeitsbedingungen sowie ausgewogenen wirtschaftlichen, sozialen und kulturellen Verhältnissen zu erhalten, zu verbessern oder zu schaffen, soll angestrebt werden."

Das Gesetz trägt mit diesem Grundsatz der Tatsache Rechnung, daß die Verdichtung von Menschen und Arbeitskraft eines der tragenden Prinzipien unserer modernen Gesellschaftsordnung ist. Isbary spricht in diesem Zusammenhang von einem umfassenden Kontraktionsprozeß, der weltweit in Erscheinung tritt und alle Bereiche der Bundesrepublik mehr oder weniger stark als Flächen- oder Punkt-Verdichtung erfaßt. Das für unsere Fragestellung Entscheidende ist die Tatsache, daß dieser Kontraktionsprozeß fortschreitend alte Strukturen in Stadt und Land einschmilzt. Eine Angleichung der Lebens- und Verhaltensformen, der Leitvorstellungen, der Konsum- und Freizeitgewohnheiten ist in vollem Gange. Die historisch bedingte Gliederung unserer Städte und Dörfer kann somit als überholt angesehen werden. „Der Kontraktionsprozeß sucht Standorte und nicht Städte" (Isbary). Das ROG trifft mit seinem Grundsatz § 2 Nr 2 den Kern dieser Erkenntnis, wenn es allgemein den Prozeß der Verdichtung fordert und fördert. Das gilt dann vornehmlich auch für den „ländlichen Raum", wo die Förderung und der Ausbau der zentralen Orte sich als ein geeignetes Mittel einer so verstandenen Raumordnungspolitik erweist.

Dieser Verdichtungsprozeß zwingt die *Raumordnungspolitik des Bundes* zu Konsequenzen. Diese lassen sich unschwer aus einer Karte ablesen, die Isbary entworfen hat. In ihr sind dargestellt: alle klassischen Verdichtungsgebiete von bekannter Bedeutung — in etwa deckungsgleich mit den Stadtregionen (nach Boustedt) —, ferner dazu auch noch jene zumeist jüngeren Verdichtungsgebiete, die mindestens eine Bevölkerungsdichte von 300 Einwohnern pro qkm bei einer zusammenhängenden Bandlänge von mindestens 15 km Länge aufweisen. So wird ein zusammenhängendes Netz von Verdichtungsbändern erkennbar, das sich — mehr oder weniger stark ausgeprägt — über wesentliche Teile der Bundesrepublik erstreckt. In diesem Adernetz liegen — relativ regelmäßig perlkettenartig aneinandergereiht — der überwiegende Teil der Gemeinden mit zentralörtlicher Bedeutung der unteren, mittleren und oberen Stufe. So veranschaulicht das Adernetz der Verdichtungsbänder den vor sich gehenden und in die Zukunft weisenden Kontraktionsprozeß, der Stadtregionen ebenso wie ländliche Räume, zentrale Orte und Nebenzentren, Haupt- und Nebenbänder mit einem funktional zusammengefaßten System von regionalen, sozialökonomischen Bereichen zusammenfaßt, die sich gewissermaßen entlang eines unschwer vorstellbaren Systems von *Entwicklungsachsen* aneinanderreihen. Weite Teile des „ländlichen Raumes" liegen noch in einer tragbaren Zeitraumentfernung von etwa 35 Minuten zu diesen Bandentwicklungen. Außerhalb dieser so noch erfaßten „ländlichen Bereiche" gibt es allerdings auch noch z. T. relativ große ländliche Teilräume, deren Anbindung an das System der Verdichtungsbänder nur über ein System *Ergänzungs-Entwicklungsachsen* vorstellbar ist.

Für die *Raumordnungspolitik des Bundes* ergeben sich aus dieser Sicht folgende Alternativen:

a) der vor sich gehende Kontraktionsprozeß konzentriert und verfängt sich in jenem Teil der Bandstrukturen, die bisher schon weitgehend verdichtet, ja überlastet sind, so etwa in der klar erkennbaren sog. *Rhein-Rhone-Schiene,* die bereits jetzt schon 30% der Fläche, 45% der Bevölkerung und mehr als 60% der Wirtschaftskraft des EWG-Raumes erfaßt und deren räumliche Ausweitung — bildlich ausgedrückt — krampfaderartige Ausweitungen erkennen läßt, oder aber

b) dieser Kontraktionsprozeß wird durch rechtzeitigen Ausbau der „Band-Infrastrukturen" nach einem *System von Entwicklungsachsen* in Richtung des bereits jetzt erkennbaren zusammenhängenden Adernetzes von Verdichtungsbändern gelenkt, das infolge seiner Standortgunst sich für weitere strukturräumliche Entwicklungen eignet. Wenn man bedenkt, daß sowohl die „klassischen Verdichtungsgebiete" wie auch die „ländlichen Teilräume" stetig und z. T. zunehmend Bevölkerungsteile infolge struktureller und technologischer Entwicklungen arbeitseinsatzmäßig freisetzen, sollte es wohl nicht schwerfallen, der letzten Alternative den Vorzug zu geben und gemäß einem System von Entwicklungsachsen das Netz der zentralen Orte nach Gesichtspunkten der Schwerpunktbildung zusammenzufassen, um den vor sich gehenden Kontraktionsprozeß entsprechend den Erfordernissen einer zukunftsträchtigen *Raumordnungs- und Strukturpolitik* zu lenken. Die wachsenden Kosten des Ausbaus der Infrastruktur sowie die Knappheit an Mitteln, aber auch moderne Erkenntnisse der standortlichen Gesetzmäßigkeiten unserer sich abzeichnenden *funktionsgesellschaftlichen Siedlungsstruktur* sollten diesen Entschluß erleichtern.

Die standortlichen Gesetzmäßigkeiten der funktionsgesellschaftlichen Siedlungsstruktur werden durch das Verhältnis der in der „Fläche" tätigen Beschäftigten der Landwirtschaft bzw. im warenproduzierenden Gewerbe (den „Sekundären“) und den in zentralörtlichen Bereichen Tätigen, d. h. den Angehörigen der Dienstleistungsstufe (den „Tertiären“) zutreffend charakterisiert. Für unsere Funktionsgesellschaft ist dabei typisch, daß die tertiären Arbeitsbereiche nach dem Anteil ihrer Beschäftigten an der Gesamtzahl der Beschäftigten zunehmen, ebenso auch ihr Anteil an der Erzeugung des Sozialproduktes. Mit anderen Worten: Je größer der Anteil der tertiären Erzeugung am Sozialprodukt ist, um so mehr kann auf gesunde strukturräumliche Verhältnisse geschlossen werden. Ferner: ein relativ großer Anteil der sekundären Beschäftigten an der Gesamtzahl der Erwerbstätigen genügt allein nicht, um Rückschlüsse zu ziehen, wie das Beispiel des Ruhrgebietes zeigt. Es ergibt sich beispielsweise für den „ländlichen Raum“ folgendes typisches Modell einer regionalen sozialökonomischen Raumeinheit, aus Kreisen zusammengesetzt, wobei je nach der Lage eines Kreises zum Adernetz der Verdichtungsbänder sich für diesen ein bestimmter Schwellenwertbereich der Anteile der primären (I), sekundären (II) und tertiären (III) Beschäftigten (Stand 1961 und Prognose 1980) ergibt:

	I		II		III	
	1961	1980	1961	1980	1961	1980
a) Regionalzentrum	0—2	0—1	25—50	25—40	48—72	60—70
b) Verdichtungskreise der Randzonen	6—28	3—8	45—65	50—65	17—42	27—40
c) Kreise an schwächeren Verdichtungsbändern	25—35	6—17	34—52	40—65	17—40	20—30
d) Kreise mit geringem oder mangelhaftem Verdichtungsansatz	30—60	12—20	22—32	40—60	18—37	20—30
e) Dienstleistungs-Erholungskreise	8—28	10—15	22—44	20—30	40—63	50—70
Region insgesamt	12—15	6—10	40—42	42—46	43—48	46—54

Die Gegenüberstellung der Anteile nach dem Stand 1961 und der Prognosewerte 1980 zeigt, daß die strukturräumliche Aufgabenstellung für die einzelnen Kreise je nach der Lage an dem vorhandenen bzw. in Ansätzen erkennbaren Adernetz der Verdichtungsbänder verschieden ist. Anders ausgedrückt: die Maßnahmen der regionalen Strukturpolitik sollten sich nach den Chancen des *Standortes* orientieren, also *räumliche und berufliche Mobilität unterstellen.*

Die Erkenntnisse aus dieser Betrachtung sind von Bedeutung. Sie berühren unser gesamtes bisheriges System der regionalen Raumordnungs- und Strukturpolitik ebenso wie sonstige raumrelevante Maßnahmen auf Bundesebene.

2. Die Landesplanung

Nach § 5 ROG haben die Länder für ihr Gebiet übergeordnete Programme oder Pläne aufzustellen. Diese müssen diejenigen Ziele der Raumordnung und Landesplanung enthalten, die räumlich und sachlich zur Verwirklichung der Grundsätze nach § 2 ROG erforderlich sind. Das gilt auch für die Abgrenzung der Gebietskategorien nach § 2 ROG. Die räumlich betroffenen kommunalen Gebietskörperschaften sind bei der Aufstellung von Zielen der Raumordnung und Landesplanung zu beteiligen.

Wie bereits erwähnt, hat das Land Nordrhein-Westfalen (NW) als erstes Land der Bundesrepublik derartige Programme bzw. Pläne aufgestellt, und zwar z. T. sogar schon vor Erlaß des Bundesraumordnungsgesetzes. Für unsere Betrachtung ist von Belang, ob und bejahendenfalls inwieweit hierbei die Forderungen des Bundesgesetzgebers Berücksichtigung gefunden haben. Dieser Frage soll abschließend hinsichtlich der „Ziele der Landesplanung" nachgegangen werden. Das Ergebnis eines auf dieses Problem abgestellten Vergleichs kann wie folgt zusammengefaßt werden:

a) Die Grundsätze des Landesentwicklungsprogrammes für das Land NW stimmen weitgehend mit den Grundsätzen des § 2 ROG überein.

b) Nach dem Landesentwicklungsprogramm wird das Bundesgebiet in „Ballungszonen" und „ländliche Zonen" unterteilt, wobei das Kriterium der Bevölkerungsdichte zugrunde gelegt wurde. Für die „ländlichen Zonen" ist das Prinzip der Förderung bestimmend, und zwar unter Anlehnung an die zentralen Orte. Die Gesamtentwicklung des Landes ist auf ein System von Entwicklungsachsen und Entwicklungsschwerpunkten ausgerichtet.

c) Der Landesentwicklungsplan I konkretisiert die Abgrenzung der Strukturzonen. Er benennt für den Bereich der „ländlichen Zonen" die Gemeinden mit zentralörtlicher Bedeutung, und zwar in Abstufung nach den Größenordnungen ihrer funktionalen Einzugsbereiche. Die zentralen Orte bestimmen den Standort öffentlicher und privater Einrichtungen und sind Schwerpunkte des Wohnungsbaus. Die Abgrenzung der *Versorgungsnahbereiche* bestimmt weitgehend die kommunale Neuordnung in den ländlichen Zonen des Landes.

d) Der Entwurf des Landesentwicklungsplans II bezeichnet den Verlauf der Entwicklungsachsen und benennt die Entwicklungsschwerpunkte.

e) Ein weiterer Entwicklungsplan wird die Abgrenzung der Vorranggebiete der Land-, Forst- und Wasserwirtschaft sowie der Erholung konkretisieren.

3. Der Ausbau der Infrastruktur

Nach § 3 Abs. 2 ROG bestimmen sich Aufgaben und Zuständigkeiten der Landesplanung mit der Maßgabe nach Landesrecht, daß sich die Wirkung der Ziele der Landesplanung auch auf die *raumwirksamen Investitionen* erstreckt. Darüber hinaus hat nach § 4 Abs. 1 ROG der für die Raumordnung zuständige Bundesminister darauf hinzuwirken, daß die Vorschriften des § 2 (Grundsätze der Raumordnung) verwirklicht werden, insbesondere durch Abstimmung der raumbedeutsamen Planungen und Maßnahmen einschließlich des Einsatzes der raumwirksamen Investitionen. Damit ist der Begriff der *Infrastruktur* angesprochen.

Er kennzeichnet den gesamten Komplex der Grundausstattung eines Landesgebietes mit Einrichtungen der Daseins-Vorsorge, und zwar in bezug auf die sechs gesellschaftlichen Grundfunktionen Arbeit, Wohnen, Erholung und Verkehr, zentrale Dienste einschließlich Bildung, Ver- und Entsorgung.

Als erster Ansatz für den Ausbau der Infrastruktur gilt die sog. Band-Infrastruktur, d. h. die Summe aller Verkehrs- und Versorgungsbänder. Hierbei kommt es auf eine klare und eindeutige *Bündelung* dieser Band-Infrastruktur an (Entwicklungsachsen).

Die potentielle Standortkraft, die in der Bündelung derartiger Band-Infrastrukturen zukunftsweisend zum Ausdruck kommt, ist Voraussetzung dafür, daß sich modernes städtisch-industrielles Leben entfalten kann. Neuzeitlicher Städtebau bekommt somit gemäß den Zielen der Landesplanung gewissermaßen die Funktion, die potentielle Standortkraft, die in der Bündelung derartiger Band-Infrastrukturen zukunftsweisend zum Ausdruck kommt, durch Ausbau der *kommunalen Infrastruktur* zu aktivieren, d. h. durch Ausweisung von und Ausstattung mit Gewerbe-, Industrie- und Wohngebieten, durch Schaffung zentraler Einrichtungen einschließlich solcher für die Bildung, durch Maßnahmen der Ver- und Entsorgung, durch Vorhaltung von öffentlichen Einrichtungen für die Erholung und vor allem auch für den regionalen und den örtlichen Verkehr.

Die sog. *Freiraum-Infrastruktur* ergänzt das so gezeichnete Bild der Infrastruktur. Durch Freihaltung von Landschaftsteilen für die Erholung, für die Wasserwirtschaft und für die Land- und Forstwirtschaft sowie die Schaffung der für diese Aufgaben erforderlichen Einrichtungen wird somit der Ausbau der Infrastruktur vollendet.

Zu 1.—3.: Die Ergebnisse der vorgetragenen Untersuchung belegen, daß die Grundsätze des Bundesraumordnungsgesetzes, wenn sie auch oft als unpraktikabel bezeichnet werden, doch von einem zeitgerechten

Gesamtkomplex getragen werden. Es kommt bei ihrer Auslegung jedoch entscheidend darauf an, daß die funktionalen Zusammenhänge im Vordergrund der Betrachtung stehen.

Es hat sich ferner bestätigt, daß der struktur-räumliche Entwicklungsprozeß im Zusammenspiel zwischen Bund und Ländern durchaus praktikabel gestaltet werden kann, und zwar im Sinne einer *gemeinsam getragenen räumlichen Strukturpolitik*.

Wandlungen der Verwaltungsaufgaben, ihrer Zuordnung und Durchführung im modernen Leistungsstaat

Von Alfons Galette

I.

Die Wandlungen der Verwaltungsaufgaben im modernen Leistungsstaat sind nicht in erster Linie gegenständlicher Art. Gewiß hat die technische Entwicklung eine Anzahl neuer, bisher unbekannter Aufgaben auch für den verwaltenden Staat entstehen lassen. Die Beschäftigung mit der Kernenergie als Kraftquelle, mit der Raketentechnik und der Kybernetik sind Beispiele. Ganz überwiegend aber sind die Wandlungen der öffentlichen Aufgaben identisch mit deren quantitativer Ausweitung sowie mit Gewichtsverlagerungen innerhalb der verschiedenen Betätigungsformen des Staates.

Der Bereich der ordnenden und lenkenden Eingriffsverwaltung ist gekennzeichnet durch den außerordentlichen Zuwachs der Überwachungsaufgaben, die auf den allgemeinen Anstieg der Bevölkerung, ihre Mobilität und ihre verbesserten wirtschaftlichen und sozialen Lage zurückzuführen sind. Mit Abstand an der Spitze liegen hier die Aufgaben der Bauaufsicht und der Verkehrsaufsicht. Das Zusammenrücken der Bevölkerung auf engerem Raum und ihre nahezu schon ausnahmslose Teilnahme an den Chancen der technisierten Zivilisation führen dazu, daß die ordnende und lenkende Eingriffsverwaltung ihr Gewicht immer stärker vom Einzeleingriff des traditionellen Polizeirechts auf die Lenkung gesellschaftlicher und wirtschaftlicher Gruppensachverhalte verlegt. Die Bauleitplanung, die Maßnahmen der Verkehrsordnung, der Ordnung des Wasserhaushalts, der Natur- und Landschaftsschutz, der Kampf gegen die ungeordnete Müllablagerung, die Ordnung des Campingwesens sind Beispiele hierfür.

Umfang und Ausmaß der fürsorgenden Verwaltung werden in erster Linie durch die wirtschaftlichen Verhältnisse der Zeit bestimmt. Die Zahl der Empfänger individueller Sozialleistungen und damit auch die hierauf gerichtete Tätigkeit der öffentlichen Verwaltung müssen bei fortschreitender Vollbeschäftigung und allgemeiner Verbesserung der Arbeitsbedingungen geringer werden. Die damit verbundene Verbesserung auch der allgemeinen Lebensverhältnisse, vor allem der Wohn-

und Erholungsverhältnisse wirken sich unmittelbar dämpfend auch auf die pflegerische Verwaltung, vor allem auf die Tätigkeit der Jugendhilfe, der Familienfürsorge, der Gesundheits- und der Altenpflege aus. Bereits der — glücklicherweise nur kurzfristige — wirtschaftliche Rezessionseinbruch des Jahres 1966 hat aber deutlich gemacht, wie sehr noch auf längere Zeit der Staat auf eine plötzliche und nachhaltige Steigerung der Inanspruchnahme seiner sozialen Sicherungsverwaltung gefaßt und vorbereitet bleiben muß.

Eine dauerhaftere Aufgabenwandlung bei der fürsorgenden und pflegerischen Verwaltung ist allerdings durch Entwicklungstendenzen eingetreten, die allenfalls noch einen mittelbaren Zusammenhang mit dem Auf und Ab der wirtschaftlichen Konjunkturen haben: Der fortschreitende Anstieg der Anteils alter Menschen an der Bevölkerung auf Grund einer offenbar noch anhaltenden Steigerung der Lebenserwartung stellt die Verwaltung vor das Problem wesentlich erweiterter Altenhilfe. Parallel hierzu verlaufen die Entwicklungslinien der erhöhten Lebensansprüche aller Altersgruppen und der Forderung nach weitgehender Gleichmäßigkeit der Sicherung des allgemeinen Lebensbedarfs. Das führt dazu, daß einmal der Sozialaufwand auch bei gleichbleibender oder rückläufiger Zahl der Leistungsempfänger eine beachtlich ansteigende Tendenz hat; daß weiter die Hilfen in besonderen Lebenslagen (nicht nur im technischen Sinne des Sozialhilfegesetzes) einen Vorrang gegenüber den allgemeinen und laufenden Leistungen der sozialen Sicherung erhalten; und daß schließlich die Individualleistungen durch ein ständig sich erweiterndes System der Gruppensubventionierung ergänzt und überlagert wird. Erhöhte Lebenserwartung, Anspruchssteigerung und Gleichmäßigkeitsforderung haben ferner zur Folge, daß der Staat in weit stärkerem Maße als früher die offenen, das heißt unmittelbar an den einzelnen oder die gesellschaftliche Gruppe adressierten Subventions- und Pflegemaßnahmen durch eigene Einrichtungen, Anstalten und Veranstaltungen ergänzen muß. Die sprunghafte Steigerung der Alten- und Pflegeheime, Altenwohnheime, Altenclubs, der Kinder- und Müttererholungsheime, der Kinderdauerheime, Kindergärten, Jugendheime, Sportanlagen, der geburtshilflichen Stationen sind Ausdruck dieser Entwicklung. Sie markiert einen fortschreitenden Übergang fürsorgender und pflegerischer Verwaltungstätigkeit zur Gemeinschaftsbedarfs-Verwaltung, der von erheblicher Bedeutung auch für die Zuordnung dieser Aufgaben zu den Verwaltungsträgern ist.

Nicht nur durch diesen Zuwachs aus den Bereichen der fürsorgenden und pflegerischen Verwaltung erweist sich die Gemeinschaftsbedarfs-Verwaltung als diejenige Betätigungsform des Staates, die weitaus am stärksten der Wandlung im Sinne einer umfassenden Ausweitung unterworfen ist. Die Mobilität der Bevölkerung, ihre steigenden Lebensansprüche und wirtschaftlichen Möglichkeiten fordern die Erstellung und Unterhaltung eines Straßennetzes, dessen notwendige Ausdehnung und Leistungsfähigkeit noch vor wenigen Jahren ebensowenig voraussehbar waren, wie sie uns heute für die kommenden Jahrzehnte voraussehbar erscheinen. Die vorhandenden Schul-, Hochschul- und sonstigen Ausbildungseinrichtungen sind trotz der beachtlichen Fortschritte der vergangenen zwanzig Jahre offensichtlich noch weit entfernt von einer ausreichenden Deckung des Bedarfs. Die noch kaum absehbare Größenordnung dieses Bedarfs wird durch die Notwendigkeit einer Bildungs- und damit Leistungsanpassung der Menschen an den Zivilisationswandel der modernen Welt ebenso bestimmt wie durch die Forderung nach gleichmäßiger Bildungschance aller sozial oder geographisch geschichteten Teile der Bevölkerung. Die mit der wirtschaftlichen Entwicklung gewachsenen Freizeitmöglichkeiten der erwerbstätigen Bevölkerung stellen den Staat vor einen gleichfalls erst in seinen Anfängen erkennbaren Bedarf an zusätzlichen Einrichtungen der Kulturpflege, der sportlichen Betätigung, der Erholung und Zerstreuung.

An den gewachsenen Lebensansprüchen und der Forderung nach gleichmäßiger Daseinsvorsorge wiederum sind die erforderlichen Leistungssteigerungen des Staates auf allen Gebieten wirtschaftender Bedarfsverwaltung zu messen. Probleme vor allem der ländlichen Wasserversorgung, der Kanalisation in den Entwicklungsräumen, der Müllbeseitigung, der Anpassung der Energieversorgung an die erst in den Anfängen stehenden Möglichkeiten der modernen Technik sind weitgehend noch ungelöst.

Der Anstieg aller Ausgaben der Vermögensbewegung bei Bund, Ländern und Gemeinden allein in den vergangenen 10 Jahren von etwa 22 Milliarden auf etwa 45 Milliarden DM macht diese Entwicklung ebenso deutlich wie der Anstieg nur der Bauinvestitionen von 1950 bis heute auf das Zehnfache, nämlich von 2 Milliarden auf über 20 Milliarden DM.

Versucht man, die Wandlungen der einzelnen Betätigungsformen öffentlicher Verwaltung, der ordnenden und lenkenden, der fürsorgenden und pflegerischen Verwaltung, der Verwaltung des Gemeinschaftsbedarfs, in Beziehungen zueinander zu setzen, ihre verbindende Gemeinsamkeit aufzusuchen, so läßt sich, wenn auch zunächst nur in einer sehr allgemeinen Form, dies feststellen:

1. Staat und Gesellschaft verbinden sich in der Aufgabenstellung der öffentlichen Verwaltung in einer wesentlich intensiveren Weise, als dies noch vor Jahrzehnten der Fall war. Die Abhängigkeit staat-

licher Betätigung von der gesellschaftlichen Entwicklung, die Abhängigkeit umgekehrt der gesellschaftlichen Ordnung und des gesellschaftlichen Fortschritts von der Tätigkeit des Staates nehmen fortschreitend und offenbar zwangsläufig auch im freiheitlichen Rechtsstaat an Intensität zu.

2. Die unmittelbar auf den einzelnen bezogene Verwaltungstätigkeit im Bereich der ordnenden, der fürsorgenden und der pflegenden Verwaltung behält zwar unverändert ihre Bedeutung. Sie wird aber infolge der wachsenden Abhängigkeiten innerhalb der Gesellschaft in immer stärkerem Maße ergänzt und überlagert durch jene Verwaltungstätigkeit, die mit den Mitteln der Lenkung, der Subventionierung und vor allem der unmittelbaren Bereitstellung des Gemeinschaftsbedarfs den gesellschaftlichen Gruppen, der Allgemeinheit zugewandt ist.

3. Die einzelnen Tätigkeitsformen staatlicher Verwaltung stehen in keiner Weise mehr beziehungslos nebeneinander. Obrigkeitlich lenkende und ordnende Verwaltung, fürsorgende und pflegerische Verwaltung, unmittelbare Bereitstellung des Gemeinschaftsbedarfs bedingen und ergänzen sich wechselseitig.

4. Die außerordentliche Intensivierung und Ausweitung vor allem der Gemeinschaftsbedarfs-Verwaltung führt zu immer stärkeren Abhängigkeiten auch zwischen den einzelnen Gegenständen der Staatstätigkeit. Verkehrsnetz, Personenbeförderung, Schule, Heime, Wasserwirtschaft, Energieversorgung bedürfen nicht nur sorgfältiger Koordinierung mit den gesellschaftlichen Sachverhalten des Wohnens und Arbeitens, sondern auch des gründlicheren Vorausbedenkens ihrer Zusammenhänge untereinander. Beide Koordinierungszwänge sind ebenso auf die jeweiligen geographischen Räume wie auf die in diesen Räumen lebenden Menschen bezogen.

II.

Insgesamt gesehen ist die Feststellung gerechtfertigt, daß die bestehenden Verwaltungsträger sich bisher in einer überraschenden Weise den Anforderungen der Aufgabenexpansion und auch der Aufgabenverlagerungen gewachsen gezeigt haben. Wie anders wären die tatsächlich vollzogenen Leistungssteigerungen vor allem in den Bereichen der daseinsvorsorgenden Verwaltung sowohl in den dichter besiedelten Räumen wie auch in den ehedem so gröblich vernachlässigten ländlichen Räumen zu erklären. Die Verwaltung hat sich sowohl mit der Gliederung ihrer Aufgabenträger wie mit dem System ihrer Zuständigkeiten und mit ihrem materiellen und rechtlichen Instrumentarium als elastisch genug erwiesen, mit der gesellschaftlichen, wirtschaftlichen und technischen Entwicklung jedenfalls so weit Schritt zu halten und ihr zugleich Impulse zu geben, daß von einer Krise der öffentlichen Verwaltung ernstlich nicht gesprochen werden kann. Elemente dieser erstaunlichen Elastizität und Belastbarkeit der deutschen Verwaltung sind sicherlich in erster Linie die grundsätzliche Allzuständigkeit der dem Aufgabenzuwachs am nächsten stehenden kommunalen Glieder der Verwaltungsordnung, die ihnen eine rasche Anpassung an gesellschaftliche Bedarfs- und Anspruchsveränderungen erlaubt; ferner die Chance beweglicher Kooperation der Verwaltungsträger sowohl von Nachbar zu Nachbar wie zwischen den Ebenen; und nicht zuletzt das auch im Vergleich zu anderen Staaten im wesentlichen gut funktionierende System des Finanzausgleichs, das ein übermäßiges Auseinanderklaffen von Bedarfs- und Deckungsunterschieden vermeidet.

Dieser allgemein positiven Feststellungen bedarf es nicht etwa, um der allgemeinen Tendenz zu begegnen, die nun einmal in der modernen Daseinsordnung besonders exponierte Verwaltung für alle Mängel dieser Erde haftbar zu machen. Sie ist notwendig, weil mit ihr zur Besonnenheit und zu sorgfältig abwägendem Urteil gegenüber jeglichem überstürzten Reformeifer gemahnt wird. Die Erfahrungen gerade der jüngsten Zeit machen deutlich, wie rasch sich Theorie und politische Praxis zu gefährlicher Folgerung aus dem anscheinend so plausiblen Schluß verleiten lassen: Organisation, Zuständigkeitssystem und Arbeitsweise der öffentlichen Verwaltung stammen im wesentlichen aus der Zeit geruhsamerer gesellschaftlicher Entwicklung, also kann sie dem Ansturm gewandelter Aufgaben im modernen Leistungsstaat nicht gewachsen sein. Gerät dann ein etwa allzu hastig entworfenes Reformkonzept erst einmal in die Automatik publizistischer Werbung und politischer Wahlkampfbetrachtung, dann ist es für ein sorgfältig wägendes Bedenken der Vor- und Nachteile leicht zu spät. In der Woge des Beifalls für den immer willkommenen Mut zu umfassender Änderung bleibt dann als sicheres Opfer eine der wesentlichsten Voraussetzungen für alle Leistungssteigerung der Verwaltung zurück: die Stetigkeit und die Problemvertrautheit der Verwaltungsinstitutionen und ihrer Führung.

Die Feststellung, daß das bestehende Verwaltungssystem auch in der Konfrontierung mit den gewandelten Staatsaufgaben alles andere als versagt hat, darf freilich Wissenschaft, Politik und Praxis nicht die zahlreichen inneren Spannungen, Konflikte und Reibungen übersehen lassen, welche die Anpassung des Systems an die neue Aufgabenstellung in den vergangenen Jahrzehnten zweifellos begleitet haben. Sie entbindet auch nicht von der Pflicht gewissenhafter Prüfung, ob auch eine voraussehbare weitere Aufgabenexpansion noch gleich wirkungsvoll bewältigt werden kann, und ob nicht Änderungen denkbar sind, die zu gleicher Leistung bei größerer Rationalität und Wirtschaftlichkeit des materiellen und personellen Kräfteeinsatzes führen.

III.

Das z. Z. alle anderen Reformüberlegungen breit überlagernde Thema besserer Anpassung der Verwaltungsordnung an die Wandlungen der Staatsaufgaben ist das der Gebietsreform. Das politische Engagement, das diesem Gegenstand in diesen Monaten zugewandt ist, scheint auf breiter Front alle anderen Reformbetrachtungen zurückgedrängt zu haben, die noch unlängst im Vordergrund der Diskussionen standen. Das gilt für die Reform des allgemeinen Verwaltungsrechts, dessen Vereinfachung und Anpassung an die Erfordernisse moderner Verwaltungsführung noch vor wenigen Jahren vollste Aktualität hatten. Es gilt für die Fragen der rechten Aufgabenverteilung zwischen den bestehenden Verwaltungsträgern, die vor allem im ersten Jahrzehnt nach dem Kriege in einer breiten Welle der Dezentralisationsbestrebungen Politik und Praxis beschäftigt haben. Es scheint selbst für jene Reformbemühungen zu gelten, die in der „Entdeckung" und institutionellen Verfestigung der Planung und Raumordnung wesentliches Ziel und Instrument der Harmonisierung von Verwaltungsordnung und Verwaltungsaufgabe gesehen haben. Freilich gibt es innere Zusammenhänge zwischen jenen verschiedenen Aspekten der Reform, doch ist es offenbar als politisches Faktum hinzunehmen, daß jeweils nur einer von ihnen die volle Aktualität des Tages besitzt, während doch ihre gemeinsame Betrachtung und Bewältigung bei einem so außerordentlich komplizierten und empfindlich reagierenden Phänomen wie dem der öffentlichen Verwaltung dringend zu wünschen wäre.

Die Tendenz der Gebietsreformbestrebungen in nahezu allen Ländern der Bundesrepublik wie übrigens auch in Nachbarstaaten des Nordens und des Westens zielt schlechthin auf eine allgemeine Dimensionsvergrößerung der Verwaltungsbereiche sowohl in der lokalen wie in der Kreisebene, der regionalen Ebene und — wenn auch mit weit größerer Zurückhaltung — der Ebene der Länder.

1. Im lokalen Bereich werden auch für die Räume mit extensiver Besiedlung gemeindliche Verwaltungseinheiten mit mindestens 5000, nach anderer Konzeption mit mindestens 25 000 oder gar 30 000 Einwohnern gefordert, von denen erst anzunehmen sei, daß sie nach Finanz-, Verwaltungs- und Veranstaltungskraft leistungsfähig genug seien, um den Anforderungen moderner Aufgabenstellung im örtlichen Bereich gewachsen zu sein. Nun wird kaum jemand ernstlich bestreiten wollen,

daß die derzeitige Gliederung des Bundesgebiets in mehr als 24 000 Gemeinden, von denen etwa 45 % weniger als 500, 68 % weniger als 1000 Einwohner haben, der Revision bedarf. Zu prüfen ist allerdings, ob nicht die in Mode stehenden Vergrößerungsvorschläge weit über das Ziel hinausschießen. Ob nicht bei ihrer Verwirklichung dieser oder jener erreichte Vorteil nur durch weit bedeutungsvollere Nachteile erkauft wird. Ob schließlich nicht die vorgetragenen Begründungen von fehlerhaften Voraussetzungen ausgehen. Die skeptischen Gegenvorstellungen sind hinreichend bekannt; zusammengefaßt weisen sie auf folgendes hin:

a) Die Gemeinde ist nicht nur und vielleicht nicht einmal in erster Linie der Ort fachlich-technischer Administration, sondern zumindest auch nach wie vor lebendiges Element der Gesellschaftsbildung. Gerade die wachsenden Abhängigkeiten von Gesellschaft und Staat machen es um so notwendiger, die Gemeinde als Ort auch wichtigster staatsbildender Kräfte zu sehen und zu bewahren. Das aber ist nicht in Räumen beziehungsloser administrativer Zuordnung zu erwarten, sondern nur in gesellschaftlich noch kontaktfähigen Gemeindeeinheiten. Eine Gemeinde, die in keiner Weise mehr gesellschaftlich-politisch kommuniziert, wird sich zum rational und weitgehend anonym administrierten Bezirk entwickeln, der auch nicht mehr die Kraft zur Integration von Raum und Bevölkerung, von Gesellschaft und Staat besitzt. Er wird eine der wesentlichen politischen Funktionen der Gemeinde verfehlen, beste Vertreter der Bürgerschaft für die Mitarbeit am Gemeinwesen zu gewinnen und ihnen die Chance und die Bereitschaft politischer Mitwirkung auch auf den höheren Ebenen des Kreises, des Landes, des Bundes zu vermitteln.

b) Es ist fehlerhaft, bestimmte Einzelaufgaben gemeindlicher Betätigung, die infolge ihrer Natur oder aus Gründen der Wirtschaftlichkeit einen größeren Raum oder eine große Einwohnerzahl erfordern, zum Merkmal für den rechten Gebietszuschnitt zu nehmen. Eine Reihe der flächenbezogenen Aufgaben, Wasserwirtschaft, Straßenbau, Energie- und Wasserversorgung, Entwässerung, Müllbeseitigung, sind in aller Regel weder bei einem geringeren noch bei einem größeren Gebietszuschnitt mit der einzelnen Gemeinde zur Deckung zu bringen. Sie sind ohne Verbandsbildungen oder Eintritt des höheren Verwaltungsträgers wohl in den wenigsten Fällen zu bewältigen. Unmittelbar einwohnerbezogene Aufgaben der ordnenden, fürsorgenden und pflegenden Verwaltung hingegen erfordern eher den überschaubaren Raum als das Gemeindegebiet von 300 und mehr qkm. Die rationale Einrichtung der inneren Gemeindeverwaltung (oder auch Amtsverwaltung!) ist bei einer Einwohnerzahl von etwa 5000 nach aller Erfahrung ebenso möglich wie bei einem vier- oder fünfmal so großen System. Gerade die fortschreitende Mitbenutzung moderner technischer Hilfsmittel vor allem der Datenverarbeitung, die allemal für weit umfassendere Verwaltungsräume bereitzuhalten sind, als die noch so große Gemeinde in der Flächenlandschaft sie darstellt, verringert die Anforderungen an den notwendigen Umfang des Gemeindebüros.

Ein wichtiges Aufgabenmerkmal der rechten Gemeindegröße ist allerdings die Schule mit den ihr zugeordneten Einrichtungen der sportlichen und kulturellen Bedarfsdeckung. Anders als alle anderen Verwaltungsangebote ist sie es, die zugleich gesellschaftsbildende Kraft besitzt. Ihr notwendiger Einzugsbereich bei vollzügigem Klassensystem liegt bei etwa 5000 Einwohnern und mag als Anhalt für eine aufgabenkonforme Gebietsreform im lokalen Bereich gelten. Wer mit manchen modernen Schulreformern Einzugsbereiche von 20 000 und mehr Einwohnern für ein drei- und mehrzügiges Hauptschulsystem für erforderlich hält, der mag sich von einem Verkehrsexperten die hierzu nötigen Transportbelastungen der Kinder einschließlich des jährlichen Kostenaufwandes für ein solches Beförderungssystem errechnen lassen. Der mag auch nachweisen, daß eine ein- bis zweizügige Hauptschule im ländlichen Raum mit etwa 200 bis 300 Schülern ein schlechteres pädagogisches Angebot darstellt, als ein drei-, vier- oder fünfzügiges Hauptschulsystem mit 500 bis 750 Schülern der 5. bis 9. Klasse, zu denen dann jeweils noch die eineinhalbfache Menge an Grundschülern kommt.

Wichtiger als viele für die Dimensionsvergrößerung der lokalen Verwaltungseinheiten vorgetragenen statistischen und technischen Argumente scheint mir allerdings die folgende Überlegung zu sein:

Die Expansion der Staatsaufgaben auf Grund der Bedarfs- und Anspruchserweiterung der Gesellschaft, vor allem die Forderung nach Gleichmäßigkeit der Lebensverhältnisse stellen die öffentliche Verwaltung und damit auch die im breiten Flächenraum wirkende Verwaltung vor den Zwang, gründliche Kenntnisse des Verwaltungsrechts, der Fragen der Finanzwirtschaft, der Verwaltungstechnik mit genauer Beobachtung der gesellschaftlichen Sachverhalte und vor allem mit einer ständig präsenten Bereitschaft und Fähigkeit zu schöpferischer Initiative zu verbinden. Nie so sehr wie heute wurde den Verwaltenden auf allen Ebenen und in allen geographischen Lebensräumen jene enge Verbindung von Wissen, handwerklicher Kunstfertigkeit und schöpferischer Phantasie abverlangt. Diese Sachlage schließt eine ausschließlich ehrenamtliche Verwaltungsleitung ebenso aus wie eine ausschließlich bürokratisch-hauptberufliche. Sie macht den mit voller Hingabe wirkenden hauptberuflichen Verwaltungsleiter neben der ehrenamtlichen Repräsentanz der Bevölkerung und des Raumes unverzichtbar. Daraus folgt, daß alle lokalen Verwaltungsräume einen Zuschnitt besitzen müssen, der auch dem herausgehobenen hauptamtlichen Verwaltungsleiter eine echte und begehrenswerte Betätigungschance eröffnet. Die Erfahrung zeigt, daß dies von einer Mindestdimension von etwa 5000 Einwohnern ab möglich ist. Dabei ist von geringerer Bedeutung, ob der Sitz einer solchen Persönlichkeit die unmittelbar kreisangehörige Gemeinde oder das mehrere ehrenamtlich geleitete Gemeinden umfassende Amt ist.

2. Die Forderungen nach Dimensionsvergrößerung der Kreise sind nicht einheitlich motiviert. Ein Teil der Vorschläge zielt auf eine Beibehaltung der Institution Kreis mit ihren jetzigen Funktionen der ausgleichenden Förderung, Beratung und Beaufsichtigung der kreisangehörigen Landgemeinden, kleineren und mittleren Städte, der nur überörtlich zu organisierenden ordnenden, fürsorgenden und pflegerischen Verwaltung und der Gemeinschaftsbedarfs-Verwaltung im übergemeindlichen Raum. Er will im Interesse wirksamer Fortführung und Verstärkung dieser Aufgaben den Kreis überschaubar, d. h. die Kreisorgane und leitenden Kreisbeamten in der Lage halten, möglichst alle für die Verwaltungsführung wesentlichen räumlichen und gesellschaftlichen Sachverhalte zu übersehen und in die Beurteilung notwendiger Maßnahmen einzubeziehen. Dabei pflegen Gebietszuschnitte von 100 000 bis 150 000 Einwohnern und 750 bis 1500 qkm als Grundlage einer solchen noch überschaubaren, aber doch ausreichend leistungskräftigen Kreiseinheit angesehen zu werden. In der Größe wesentlich unter einem solchen Durchschnitt liegende Kreise werden der Zusammenlegung empfohlen.

Eine andere Konzeption zielt auf eine grundlegende Umwandlung des Kreises in seiner überkommenen Gestalt ab. Sie sucht seine Funktion in der großräumigen Wirtschaftsplanung, in der Verbindung auch größerer Städte mit den kleineren und mittleren Gemeinden, in der Übernahme auch solcher Gegenstände in der weiträumigen Gemeinschaftsbedarfs-Verwaltung, die bisher entweder in der Kooperation mehrerer Kreise oder auch kreisfreier Städte verwaltet wurden. Die dabei in Kauf zu nehmende Lockerung der Verbindung zu den kreisangehörigen Gemeinden wird im Zusammenhang mit den parallel gehenden nachhaltigen Dimensionserweiterungen der Gemeinden und mit der Forderung weitestgehender Dezentralisation bisheriger Kreisaufgaben gesehen. Die Bezeichnung eines solchen Kreismodells als „Regionalkreis“ trifft sicherlich das beabsichtigte Ergebnis. Größenordnungen von 250 000 bis 500 000 Einwohnern auch in flächenintensiven Gebieten werden dabei für möglich gehalten. Die mit einer solchen Konzeption verbundene weitgehende Wandlung der Kreisfunktion vom Gemeindeverband im faktischen Sinne zur regionalen Gebietseinheit läßt es dann den Befürwortern dieser Lösung auch möglich erscheinen, im Einzelfall Regionalkreise solcher Art als weitdimensionierte Ringe um kreisfrei bleibende Großstädte zu legen, deren Funktion und Daseinsgrundlage nicht mehr die Beziehung der Kreisteile untereinander, sondern diejenige der einzelnen Kreisteile zur Kernstadt sind.

Während offensichtlich die rheinland-pfälzische Kreisreform die erstgenannte Konzeption zugrunde gelegt hat, scheinen die drei norddeutschen Länder zwischen beiden Auffassungen zu schwanken. So ist es interessant, daß das in Schleswig-Holstein erstattete Gutachten einer Sachverständigen-Kommission unter dem Vorsitz des Staatssekretärs Loschelder noch eindeutig die Bewahrung der hergebrachten Kreisvorstellungen unter Zusammenlegung der kleineren Kreise empfohlen hat, daß aber der jetzt vorliegende Referentenentwurf des Innenministers in einem Fall, dem des schleswig-holsteinischen Zentralraums, die Bildung eines Regionalkreises mit einer Fläche von 2300 qkm und einer Einwohnerzahl von 272 000 vorsieht. Er soll den Gesamtraum der Stadt Kiel umfassen und zwei der jetzt die Stadt berührenden drei Kreise teilen. Der Entwurf hat allerdings die Schwelle des Kabinetts noch nicht überschritten.

Eine Stellungnahme zu den beiden Kreismodellen darf sich ausschließlich an der Frage orientieren, was der besseren Anpassung des staatlichen Gliederungssystems an die erweiterten Aufgabenanforderungen des modernen Leistungsstaates frommt. Dies im Rahmen einer Veranstaltung dieser Verwaltungshochschule zu bekräftigen, erübrigt sich. Unverkennbar aber nehmen in der politischen Staatspraxis auch andere Betrachtungsweisen oftmals einen nicht geringeren Platz ein. So mag die eine Fraktion eine Reduzierung der vorhandenen Kreiszahl eines Landes auf ein Drittel fordern, die andere auf zwei Drittel, während der Koalitionspartner als Zünglein an der Waage einen Kompromiß auf einhalb bereithält. Das nachfolgende Zuschneiden der Bezirke ist dann nur noch das undankbare Amt des zuständigen Ministerialreferenten, nicht mehr der Gegenstand sorgfältiger Prüfung, was damit für die Verwaltungskraft des Landes gewonnen, gemindert oder unverändert bewahrt bleibt. Noch allerdings bleibt zu hoffen, daß diese für die Aufgabenhomogenität der öffentlichen Verwaltung besonders wichtige Frage der Kreisreform nur nach sachbezogenen Gesichtspunkten beantwortet und nicht ein Zufallsspiel der Zahlen und der Wahlarithmetik wird, dem dann die Anmerkung des Mephistopheles in der Hexenküche gelten könnte: „Mein Freund, die Kunst ist alt und neu, / Es war die Art zu allen Zeiten / Durch drei und eins und eins und drei / Irrtum statt Wahrheit zu verbreiten.“ ... Die öffentliche Verwaltung, so meinen wir, sollte zum Zwecke ihrer Verjüngung nicht zu Methoden greifen, die jedenfalls für den Faust zur Tragödie geführt haben.

Für die Notwendigkeit, offensichtlich allzu kleine Kreise durch Zusammenlegung auf eine Durchschnittsgröße zu bringen, die ihnen neben der ausgleichenden und fördernden Gemeinschaft mit den Gemeinden auch eine ausreichende Verwaltungs- und Veranstaltungskraft vor allem für die Bewältigung der Aufgaben übergemeindlicher Strukturförderung und der weiträumigen Daseinsvorsorge erlaubt, sind genügend Gründe vorgetragen worden, die einer Wiederholung nicht bedürfen. Hier ist festzustellen, daß eine Ausweitung darüber hinaus zu einer Regionaleinheit von der halben Durchschnittsgröße eines französischen Departements oder einer englischen Grafschaft die deutsche Verwaltungsordnung eines Gliedes berauben würde, dessen sie angesichts der Expansion der Aufgaben noch dringender bedarf als ehedem. Es kann nicht zweifelhaft sein, daß die in den vergangenen Jahren bereits erheblich fortgeschrittene, wenn auch bei weitem nicht abgeschlossene Angleichung der Lebensverhältnisse in den ländlichen Räumen sowie den kleineren und mittleren Städten an die siedlungsdichteren Gebiete nicht zuletzt auf das enge Zusammenwirken von Kreis und Gemeinde zurückzuführen war. Daß weiter nur in einem noch überschaubaren Kreise jene Durchdringung von Staat und Gesellschaft möglich ist, die der wachsenden Abhängigkeit beider Bereiche im politisch-menschlichen Raum Rechnung trägt.

Die überraschend lebhaften Abwehrreaktionen, die in nahezu allen von einer Aufteilung bedrohten Kreisen zutage treten, und deren Träger keineswegs etablierte Amtsinhaber, sondern die gesellschaftlichen Gruppierungen der Berufszweige, der kulturellen und karitativen Verbände, der Freiwilligen Feuerwehren, Jugendorganisationen sind, werden oft irrigerweise als Ausdruck enger Kirchturmsbeharrung abgetan. Tatsächlich geben sie einem oftmals bestrittenen Sachverhalt Ausdruck, daß nämlich die Kreise bei aller historischen Rückführbarkeit auf künstliche Staatsgliederung sich nicht zuletzt durch ihre wirksame Aktivität der letzten zwanzig Jahre zu lebendigen Raumgemeinschaften entwickelt haben, deren Zerstörung nachhaltige Minderungen sowohl der Verwaltungsleistungen selbst wie der politischen Integrationsvorgänge zur Folge haben muß. Der rechte Kreiszuschnitt sollte daher, wo immer dies möglich ist, durch Zusammenlegung bestehender Kreiseinheiten, nicht durch deren Teilung und Neuzusammensetzung angestrebt werden.

3. Die Forderung, die jetzigen gemeindenahen Kreise zu weiträumigen Regionaleinheiten auszuweiten, deutet allerdings auf einen anderen Sachverhalt hin, der bei einer Prüfung der Aufgabenkonformität des bestehenden Verwaltungssystems nicht übersehen werden darf. Im regionalen Bereich, im Raum also zwischen den Kreisen und der Landeszentralverwaltung, fehlt ein der modernen Verwaltungsaufgabe angemessener Verwaltungsträger.

Hier finden sich z. Z. die Bezirksregierungen, die zwar nach dem Prinzip weitgehender, wenn auch in den Ländern unterschiedlich bemessener Verwaltungseinheit organisiert sind, denen aber der selbständige Haushalt zu beweglicher regionaler Strukturförderung, zur Realisierung großräumiger Planung und zur Erfüllung regionaler Aufgaben des Gemeinschaftsbedarfs ebenso fehlt wie eine innere Verfassung, die auf dieser Ebene die gesellschaftlichen und politischen Kräfte mit der Verwaltungsaufgabe verbindet. Hier finden sich in Nordrhein-Westfalen und Teilen von Rheinland-Pfalz und Baden-Württemberg wenige körperschaftlich verfaßte Verbände, die aber auf einzelne Spezialaufgaben beschränkt sind, und denen die notwendige enge Verbindung zu den Gegenständen und Verwaltungsmitteln vor allem der ordnenden, pflegenden und fürsorgenden Verwaltung fehlt. Eine gewisse Ausnahme macht insoweit Bayern, wo Bezirksverband und Bezirksregierung miteinander durch das gleiche Gebiet und behördliche Verbindung zusammengeschaltet sind. Hier im regionalen Raum sind weiter zahlreiche Sonderbehören der Länder und des Bundes angesiedelt, deren Einordnung in eine fachlich umfassende und damit horizontal koordinierbare Gesamtverwaltung der Region den inneren Abhängigkeiten der Verwaltungsgegenstände im modernen Leistungsstaat entgegenkäme.

Schließlich finden sich hier jene in den letzten zehn Jahren ad hoc gebildeten regionalen Planungsinstitutionen in bunter Gemengelage mit den Trägern handelnder Verwaltung, deren wachsende Vereinsamung inmitten der Berge fleißig angehäufter Pläne und Programme, vor allem inmitten einer Flut neugeprägter Begriffe und Vokabeln bereits in der gestrigen Diskussion anklang.

Zu fordern ist die Zusammenfassung dieser meist auch in den Tätigkeitsbezirken sich überschneidenden regionalen Institutionen zu einem integrierten Verwaltungsträger, der gebietskörperschaftlich verfaßt ist. Der damit über diejenige Beweglichkeit der Aktion verfügt, die eine weit größere Anpassungsfähigkeit an die Expansion der Staatsaufgaben gewährleistet, als ein System nachgeordneter, ressortgebundener Landesbehörden. Dem vor allem auch jene geradezu selbstverständliche Verbindung tätiger Verwaltung und planender Verwaltungsvorbereitung immanent ist, die geplantes Handeln und erfolgsbezogenes Planen überhaupt erst möglich macht.

Der Einwand, eine Untergliederung der Länder in drei übereinandergeschichtete, gebietskörperschaftlich organisierte Verwaltungsebenen, die Ebene der Gemeinden, die der Kreise und kreisfreien Städte und die der regionalen Bezirksverbände, sei ein Zuviel an Organisationselementen, vermag nicht zu überzeugen. Einmal ersetzt der Regionalverband in seinem Raume nur eine Vielzahl bereits vorhandener Institutionen der Länder oder regionaler Spezialverbände. Zum anderen gibt er die Möglichkeit, zahlreiche Aufsichts- und sonstige Funktionen unmittelbarer Verwaltungsführung aus der Ebene der Landeszentralverwaltung an die des Regionalverbandes abzugeben, die nicht nur in den beiden Ländern ohne Bezirksregierungen die Ministerialverwaltungen zum Nachteil der eigentlichen Regierungsfunktionen belasten. Schließlich ist abzusehen, daß der vielleicht entgegengehaltene Vorschlag einer Aufzonung der gemeindenahen Kreise in Regionalkreise auf der einen Seite über kurz oder lang wiederum zu Außenstellen dieser Kreise in ihren entfernteren Teilen, auf der anderen Seite aber nicht zu einem entscheidenden Abbau der jetzigen regionalen Behörden und Verbandskörperschaften führen wird.

Die moderne öffentliche Verwaltung wird den wachsenden und sich immer stärker zur Daseinsvorsorge hin entwickelnden Aufgaben gewachsen sein, wenn das System ihrer Träger klar und durchsichtig sowohl für die Gesellschaft wie für die Verwaltenden selbst ist. Diese Voraussetzung ist bei einer dreigliedrigen Ordnung aktionsfähiger Gebietskörperschaften mit umfassendem Verwaltungsauftrag auf ihrer jeweiligen Ebene sicherlich besser verwirklicht, als bei einem neben der zweigliedrigen Ordnung einhergehenden Geflecht zahlreicher Sonderverbände.

Weitere Voraussetzung für die Bewältigung der anwachsenden Staatsaufgaben ist aber auch die Eignung ihrer Träger zu möglichst elastischer Anpassung an den ständigen Wandel wirtschaftlicher und gesellschaftlicher Entwicklung. Verfügung über einen kräftigen, eigenverantwortlich verwalteten Haushalt und die Freiheit zur Übernahme neuer Aufgaben sind die bei den Gemeinden und Kreisen bewährten Mittel hierzu. Der Staat wird gut beraten sein, wenn er auch im regionalen Raum diese Grundsätze zur Geltung bringt und nicht besorgt etwa um den Verlust gesamtstaatlicher Hoheitsbefugnisse durch den Verzicht auf einen vertikal organisierten Apparat von Landesbehörden bangt. Das Selbstverständnis gesamtstaatlicher Verantwortung gilt für gebietskörperschaftlich verfaßte Untergliederungen im Verhältnis zum Land ebenso wie für die Länder selbst im Verhältnis zum Bund.

4. Es ist hier nicht der Raum für eine eingehende Beschäftigung mit der Aufgabenkonformität des Zuschnitts der Länder selbst. Auch liegt die Vermutung nahe, daß das Problem der erheblichen Größenunterschiede zwischen den zehn gebietlich zusammenhängenden Gliedern der Bundesrepublik in der öffentlichen Diskussion überbewertet wird. Der weitaus überwiegende Teil der Gegenstände eigentlicher Verwaltung auch im modernen Leistungsstaat ist auf die Räume auch der kleineren Länder reduzierbar. Überlagerungen zum Nachbarland sind unvermeidbar und bedürfen bei jeglichem Zuschnitt der Lösung durch nachbarschaftliche Kooperation. Unterschiede der Finanz- und damit der Leistungskraft aber, die gleichfalls bis zu einem gewissen Grade auch

durch Länderzusammenlegungen kaum abänderbar sind, bedürfen immer eines ausgewogenen Systems der Steuerverteilung und des gesamtstaatlichen Länderfinanzausgleichs.

Allerdings gewinnt das Problem einen wesentlich interessanteren Aspekt, wenn Übereinstimmung besteht, daß die Landeszentralverwaltungen im wesentlichen auf die Erfüllung der eigentlichen Regierungsgeschäfte, die Vorbereitung der Landesgesetze, die umfassende Mitwirkung an der Bundesgesetzgebung und die oberste Aufsicht über die tätige Verwaltung beschränkt sein, das Gewicht der regionalen Verwaltungsaktion hingegen bei gebietskörperschaftlich verfaßten Regionalverbänden liegen soll. Eine solche Gliederung der Länderverwaltung ist in den größeren Flächenländern ohne weiteres möglich, da hier eine genügende Anzahl solcher regionalen Verwaltungsträger vorhanden sein würde, um Ausgleiche zwischen ihnen zu ermöglichen, und um Reibungen zwischen Land und Region auf Grund politischer und aufgabenbedingter Konkurrenzen zu vermeiden. Schon bei einem Land von der Größe Schleswig-Holsteins wäre jedoch bei höchstens drei möglichen Regionalverbänden eine solche Gefahr nicht zu verkennen. Im Saarland würde die Bildung mehrerer solcher Verbände ausgeschlossen sein.

Die anzustrebende Lösung der regionalen Verwaltung aus der Landeszentralverwaltung durch Gliederung der Länder in regionale Bezirksverbände und die Revision des Zuschnitts wenigstens der beiden kleinsten Flächenländer bedingen sich also wechselseitig.

IV.

Gleich bedeutungsvoll für die Anpassungsfähigkeit der öffentlichen Verwaltung an die sich wandelnden Aufgaben wie die Staatsgliederung selbst ist das System der Aufgabenverteilung zwischen diesen Gliedern. Eine kritische Prüfung des bestehenden Zuordnungssystems kann kaum an der Feststellung vorbeigehen, daß es ihm im erheblichen Maße an einer konsequent durchgeführten Ordnungskonzeption gebricht. Das gilt für die bundesrechtlichen Verwaltungszuständigkeitsnormen ebenso wie für diejenigen der Länderrechte.

Das Grundgesetz beschränkt sich im wesentlichen darauf, die Umrisse einer Aufgabenverteilung zwischen Bund und Ländern zu skizzieren, wobei den Ländern zunächst insgesamt die „Ausübung der staatlichen Befugnisse und die Erfüllung der staatlichen Aufgaben" zugestanden, der Bund hingegen auf die Durchführung nur derjenigen Aufgaben beschränkt wird, die das Grundgesetz selbst oder ein vom Grundgesetz zugelassenes Gesetz ausdrücklich für eine Bundeskompetenz freigibt. Diese im einzelnen enumerierten Gegenstände der Bundeszuständigkeit finden sich dann auf die beiden Blöcke der Bundeseigenverwaltung und der Bundesauftragsverwaltung der Länder aufgeteilt.

Die Gemeinden und Kreise werden vom Grundgesetz in ihrer Existenz zwar vorausgesetzt und institutionell garantiert. Ihre maßgebende Mitwirkung bei der Erfüllung der Staatszwecke wird auch im Rahmen der Ordnung der Finanzwirtschaft als gegeben unterstellt. Die Einordnung der Gemeinden und Kreise in das System der Aufgabenverteilung innerhalb des Gesamtstaates aber wird der ausschließlichen Regelung durch die Länder überlassen. Das Grundgesetz enthält sich gegenüber dieser grundlegenden Frage der Zuordnung staatlicher Betätigung selbst der Festlegung allgemeiner Ordnungsgrundsätze. Die Selbstverwaltungsgarantie des Artikel 28 Absatz 2 kann dieser Feststellung nicht entgegengehalten werden. Soweit sie die Kreise betrifft, wird diese Garantie durch die doppelte Verweisung auf den „gesetzlichen Aufgabenbereich" und auf die „Maßgaben der Gesetze" wieder weitgehend in die Disposition der Länder- (oder auch Bundes-) gesetzgebung gestellt. Die Begrenzung des Selbstverwaltungsbegriffs der Gemeinden auf die „Angelegenheiten der örtlichen Gemeinschaft" trifft nicht entfernt den auch schon bei Verabschiedung des Grundgesetzes gegebenen Anteil der Gemeinden an der Erfüllung der Staatszwecke, geschweige dessen Entwicklung in den vergangenen zwanzig Jahren und in voraussehbarer Zukunft. Die Bestimmung des Artikel 28 Abs. 2 gibt sich weit mehr als eine dem Machtkampf von Staat und Gesellschaft des vorigen Jahrhunderts entnommene politisch-staatstheoretische Formel, denn als aussagekräftiges Ordnungselement staatlicher Aufgaben- und Verantwortungsgliederung.

Bei aller formalen Enthaltsamkeit des Grundgesetzes gegenüber den Problemen der staatlichen Aufgabenverteilung ist freilich nicht zu verkennen, daß es — im Zeitpunkt der Verabschiedung wohl noch unbeabsichtigt — eine Reihe mehr verdeckter Möglichkeiten des Einflusses auf die Zuordnung öffentlicher Verwaltungsbetätigung eröffnet hat. Die eine folgt aus der Durchlässigkeit der Grenzen zwischen Gesetzgebung und Verwaltung. Zwar ist auch die Verteilung der Gesetzgebungskompetenzen zwischen Bund und Ländern formal im Sinne der Zuständigkeitsvermutung der Länder geordnet. Doch gibt die Auswahl der Kataloge der ausschließlichen und vor allem der konkurrierenden Gesetzgebungskompetenzen des Bundes, wie die Verfassungspraxis der vergangenen zwei Jahrzehnte zeigt, diesem die absolute Priorität im Ausmaß der zu regelnden Verwaltungsgegenstände gegenüber der Gesetzgebungskompetenz der Länder. Nun hat bislang niemand, trotz wiederholten Aufbegehrens aller oder einzelner Länder, den Bund daran hindern können, seinen Gesetzen bis in die Gemeinden und Gemeindeverbände hineinreichende Zuständigkeitsvorschriften beizugeben, die das Zuordnungssystem über die von der Verfassung eingeräumten Chancen hinaus erheblich beeinflussen. Bundesbaugesetz, Jugendwohlfahrtsgesetz, Bundesseuchengesetz, Sozialhilfegesetz sind nur wenige Beispiele für diese Staatspraxis.

Allerdings ist es kaum möglich, in dem Geflecht dieser sondergesetzlichen Aufgabenzuordnungen ein umfassendes und allgemein gültiges Ordnungsprinzip zu entdecken. Dem Gegenstand nach verhältnismäßig unbedeutende Entscheidungskompetenzen finden sich bei der höheren Verwaltungsbehörde, wenn nicht gar unmittelbar dem Minister zugeordnet, während andere weit bedeutungsvollere Aufgabenkompetenzen den Organen selbst kleinster Gemeinden oder den Kreisen vorbehalten sind. Eine gründliche Durchforstung dieser spezialrechtlichen Zuordnungsvorschriften ist unerläßliche Voraussetzung einer leistungskräftigeren Bewältigung der modernen Verwaltungsaufgaben.

Fast noch wichtiger aber ist die Erfahrung, daß Verwaltung keineswegs nur durch Ausführung von Gesetzen geschieht, sondern zu einem wesentlichen Teil durch das Gesetz selbst vollzogen werden kann. Gesetze, und damit im Rahmen der Bundeskompetenz auch Bundesgesetze, können für bestimmte Aufgaben der Verwaltung deren Einzelmaßnahmen so ins Detail hinein regeln, daß von einem nennenswerten Ausführungsspielraum und damit einem gewichtigen Eigenwert der Verwaltungskompetenz nicht mehr die Rede sein kann.

Weitere Möglichkeiten einer Einflußnahme des Bundes auf die Erfüllung derjenigen Aufgaben, deren Zuordnung und Durchführung nicht im einzelnen gesetzlich geregelt sind, eröffnet die verfassungsrechtliche Ordnung der finanzwirtschaftlichen Beziehungen zwischen Bund, Ländern und Gemeinden. Sie gibt dem Bund die Freiheit, mit gezielten Subventionen die Erfüllung einzelner Aufgaben oder auch konkreter einzelner Maßnahmen der Länder, der Gemeinden oder Kreise zu fördern, in der Durchführung zu beeinflussen oder auch durch Zurückhaltung der Subvention bei fehlender anderweitiger Kostendeckung zu verhindern.

Es ist ersichtlich, daß dies Verhältnis des Grundgesetzes zu den Problemen der Aufgabenzuordnung kaum mehr befriedigen kann. Das gilt für die Ausgestaltung des Bund-Länder-Verhältnisses, dessen ungenügende Anpassung an die gesamtstaatlichen Forderungen und Bedürfnisse der Gesellschaft nicht über den gefährlichen Umweg finanzieller Einflußnahme von Fall zu Fall überspielt werden kann. Das Gutachten der Troeger-Kommission aus dem Jahre 1966 hat mit überzeugenden Gründen vor den Gefahren einer solchen Staatspraxis gewarnt und eindrucksvolle Vorschläge zur Ergänzung der Verfassung in den Grundfragen der Aufgabenverteilung zwischen Bund und Ländern gemacht, die noch der Verwirklichung harren. Die Konzeption der Gemeinschaftsaufgaben ebenso wie diejenige einer klaren Identifizierung von Aufgaben- und Kostenverantwortung sind wegweisend für eine Anpassung des Zuordnungssystems an die Anforderungen des modernen Leistungsstaates sicherlich auch über das Bund-Länderverhältnis hinaus.

Das Grundgesetz kann sich aber auch nicht der Aufgabe verschließen, die den Ländern nachgeordneten Gebietskörperschaften als bedeutende Glieder der Aufgabenzuständigkeitsordnung des Staates nicht nur vorauszusetzen, sondern sie neben dem Bund und den Ländern auch in eine grundlegende Regelung der staatlichen Aufgabenverteilung einzubeziehen. Die Gemeinden und Gemeindeverbände, die etwa mit einem Viertel der gesamten im Bundesgebiet verwaltenden Personalkräfte, mit etwa einem Drittel der Gesamtausgaben und der Hälfte der vermögenswirksamen Ausgaben des Gesamthaushalts an der Erfüllung der Staatszwecke teilnehmen, bedürfen einer unmittelbaren verfassungsrechtlichen Grundlage und Eingrenzung dieser Mitwirkung an der gesamtstaatlichen Verwaltungsaktion. Auch hier drohen die Aushilfen der einzelgesetzlichen Zuständigkeitsbestimmungen, der Ersetzung des notwendigen Verwaltungsspielraumes durch detaillierte Spezialgesetzgebung und der Subventionierung von Fall zu Fall zu einer gefährlichen Verwirrung des Systems der Aufgabenverteilung zu führen.

Innerhalb der Länder ruht das System der Aufgabenverteilung zwischen den Gemeinden, den Kreisen und dem Land selbst einmal auf den Generalermächtigungen der kommunalen Verfassungsgesetze. In weitgehender formaler Übereinstimmung erklären die Gemeindeordnungen der Länder die Gemeinden zu Trägern aller öffentlichen Aufgaben innerhalb des Gemeindegebiets, die nicht durch Gesetz ausdrücklich anderen Stellen zugewiesen sind. Damit scheint zunächst den Gemeinden im Verhältnis zu den Ländern diejenige Rolle zuerkannt, die im Verhältnis der Länder zum Bund jenen eingeräumt ist.

Doch zeigen sich schon in den Details der einzelnen Länderformulierungen der Gemeindeordnungen bemerkenswerte Unterschiede, die die Schwierigkeiten einer klaren Abgrenzung der Gemeindetätigkeit zur Verwaltungskompetenz vor allem der Kreise, aber auch des Landes selbst erkennen lassen.

Sie treten bei den Aufgabenbeschreibungen der Kreisordnungen noch deutlicher zutage. Auch den Kreisen wird die grundsätzliche Universalität ihres Wirkungskreises eingeräumt. Der damit verbundenen Gefahr umfassender Aufgabenkonkurrenz mit den Gemeinden wird mit dem Versuch begegnet, die Kreiszuständigkeit einzugrenzen auf „überörtliche Aufgaben" (Nordrhein-Westfalen, Rheinland-Pfalz, Niedersachsen), auf „Aufgaben, die die Leistungsfähigkeit der kreisangehörigen Gemeinden überschreiten“ (Bayern, Hessen, Rheinland-Pfalz, Schleswig-Holstein, Baden-Württemberg, Niedersachsen) oder auch auf Aufgaben, „die der einheitlichen Versorgung und Betreuung der Einwohner des ganzen Landkreises oder eines größeren Teils desselben dienen“ (Baden-Württemberg). Die Abgrenzungsversuche haben in der Tat kaum einen höheren Wert als den eines wenig verbindlichen verwaltungspolitischen Hinweises auf ein nur sehr unklar definierbares Subsidiaritätsprinzip. Die Begriffe der überörtlichen Bedeutung, der ungenügenden Leistungsfähigkeit oder der einheitlichen Versorgung von größeren Kreisteilen sind mehr als unbestimmt und jedenfalls kaum justiziabel. So verbleibt eine echte Aufgabenkonkurrenz zwischen Kreisen und kreisangehörigen Gemeinden, an der auch die von einigen Kreisordnungen übernommene Ausschließungskompetenz des Kreises kaum etwas ändert, zumal sie im Interesse der Gemeinden zu Recht an verschärfte Beschlußvoraussetzungen und Genehmigungsvorbehalte gebunden ist.

Die Verfassungen der Länder beschränken sich durchweg darauf, entweder die Selbstverwaltungsgarantie des Grundgesetzes zu wiederholen oder die allgemeinen Aufgabenumschreibungen der jeweiligen Gemeinde- und Kreisordnungen wiederzugeben. In keinem Fall wird der Versuch unternommen, ein System der Aufgabenverteilung zwischen Land, Kreisen und Gemeinden etwa nach dem Beispiel der Bund-Länderabgrenzung des Grundgesetzes in die Verfassung zu übernehmen und damit seine Modifizierung dem erschwerten Verfahren des verfassungsändernden Gesetzes zu unterwerfen.

So bleibt die Aufgabenkompetenz der Gemeinden und Kreise ausschließlich unter dem Vorbehalt des einfachen Gesetzes; ein Ergebnis, das die Unbestimmtheit des Zuordnungssystems innerhalb der Länder verstärkt.

Die Schwierigkeit der Zuständigkeitsabgrenzung zwischen Gemeinde- und Kreisverwaltung ist die unmittelbare Folge des traditionellen Prinzips grundsätzlicher Allzuständigkeit der kommunalen Gebietskörperschaften. Eines Ordnungsprinzips, auf das gerade im modernen Leistungsstaat nicht verzichtet werden darf. Sein Beitrag zur Elastizität und damit zur Anpassungsfähigkeit der öffentlichen Verwaltung an die Wandlungen der gesellschaftlichen Anforderungen in den vergangenen Jahrzehnten ist bereits hervorgehoben worden. Das englische Prinzip der Bindung aller Tätigkeit der lokalen Verwaltung an eine ausdrückliche gesetzliche Ermächtigung oder Verpflichtung kennt diese Problematik der Aufgabenkonkurrenzen nicht, muß aber dafür auch Verzicht auf jene ausgedehnte Verwaltungsproduktivität und bewegliche wechselseitige Ergänzung der Verwaltungsebenen leisten, die der deutschen

Kommunalverwaltung eigentümlich ist. Die Skepsis, die Professor Werner Weber noch in seiner Schrift „Die Gemeinde im Landkreis“ aus dem Jahre 1954 der konkurrierenden Allzuständigkeit von Kreis und kreisangehörigen Städten entgegengebracht hat, hat sich offenbar nicht bestätigt. Weder sind bemerkenswerte Fälle einer unwirtschaftlichen Überlagerung von Kreis- und Gemeindetätigkeit zu erkennen, noch begründete Anlässe für die Sorge, den Gemeinden könnte das Feld eigener Initiative im Rahmen ihrer finanziellen Möglichkeiten durch den Kreis eingeengt werden. Unbestreitbar allerdings hat sich eine intensivere Zunahme der Kreisbetätigung gegenüber derjenigen der kreisangehörigen Gemeinden vielerorts dadurch vollzogen, daß die Kreise in voller Übereinstimmung mit den Gemeinden deren Maßnahmen vor allem auf den Gebieten der Gemeinschaftsbedarfs-Verwaltung durch beachtliche finanzielle Hilfen oder auch durch das Angebot eigener Entwurfsplanung und anderer Verwaltungshilfen fördern. Ein Vorgang, der die volle Bewährung der konkurrierenden Allzuständigkeit von Gemeinde und Kreis bestätigt.

Dies sollte sicherlich Anlaß geben, auch das Zuordnungsverhältnis zwischen den Kreisen und kreisfreien Städten einerseits und den gebietskörperschaftlich verfaßten Regionalverbänden andererseits auf der Grundlage beiderseitiger Freiheit der Aufgabenübernahme zu ordnen. Auch hier wird die natürliche Bezogenheit der Gesamtaufgabe auf die jeweilige Verwaltungsebene leichter zur notwendigen Selbstbeschränkung führen, als die weit anpassungsfeindlichere Einengung auf spezialgesetzlich enumerierte Zuständigkeiten.

V.

Eines der wesentlichen Kennzeichen der Aufgabenerfüllung im modernen Leistungsstaat ist es, daß kaum eine der größeren Maßnahmen vor allem der Gemeinschaftsbedarfsdeckung in ausschließlicher Entscheidung nur eines der Verwaltungsträger durchgeführt werden kann. Mitfinanzierungen durch mindestens einen, oft mehrere andere Verwaltungsträger, ferner die Ausübung von Genehmigungsvorbehalten teils für die Maßnahme selbst, teils für einzelne zu ihrer Durchführung erforderliche Hilfsmaßnahmen zergliedern die Aufgabendurchführung in eine Kette von Mitwirkungsakten der Vorbereitung, Mitentscheidung und Ausführung. Ein großer Teil der Aufgabenerfüllung im Rahmen der modernen Verwaltung wird so zur Verbundverwaltung mehrerer Verwaltungsträger. Darin liegt sicherlich ein wesentlicher Vorteil insoweit, als dies System die Zusammenfassung mehrerer Kräfte auf jeweils das gleiche Verwaltungsziel und damit die Produktion umfassenderer und qualitativ anspruchsvollerer Verwaltungsleistungen gewährleistet. Nachteil einer solchen Verbundverwaltung ist allerdings, daß sie von einem latenten Mißtrauen der nachgeordneten Verwaltungsträger gegenüber den übergeordneten verbunden sein kann, auf deren Mitwirkung nicht verzichtet werden kann. Es stellt sich immer aufs neue die Frage, ob die Mitwirkungen ausschließlich nach objektiven, die Gewichte zwischen den vergleichbaren Maßnahmen richtig setzenden Gesichtspunkten erfolgen.

Die Konstruktion der Gemeinschaftsaufgaben des Bund-Länderverhältnisses nach den Vorschlägen der Troeger-Kommission kann an die auch organisatorische Verflechtung zwischen Bund und Ländern anknüpfen und Bundestag, Bundesregierung und Bundesrat zum Zusammenwirken bei der Festlegung der Gemeinschaftsaufgaben und bei der Erarbeitung der Pläne und Richtlinien für ihre Durchführung einsetzen. Ein dem Bundesrat vergleichbares Präsenzorgan der Kreise und Gemeinden beim Land oder der Gemeinden beim Kreis gibt es jedoch nicht. Die kommunalen Spitzenverbände können nicht als vergleichbare Institutionen angesehen werden, da sie nach Verfassung und Aufgabe nur zur Vertretung der allgemeinen Interessen ihrer Mitglieder, nicht aber ihres konkreten Aufgabenbedarfs in Betracht kommen.

Es ist daher bereits wiederholt der Gedanke vorgetragen worden, Land und Kommunen, aber auch Kreise und kreisangehörige Gemeinden durch geeignete organisatorisch-institutionelle Klammern zu verbinden. Die Schwierigkeiten einer Durchführung des Gedankens liegen zwar auf der Hand. Sie setzt auf der einen Seite eine Begrenzung der Repräsentanz der nachgeordneten Aufgabenträger auf eine arbeitsfähige Anzahl von Vertretern voraus, muß auf der anderen Seite aber die Wirkung ungleichmäßiger Beteiligungen vermeiden. Es liegt nahe anzunehmen, daß beide Gesichtspunkte in denjenigen Ländern leichter miteinander verbunden werden könnten, in denen eine einmal vollzogene Reform der Kreis- und der Gemeindegebiete auch die Bildung überschaubarer Vertretungsorgane beim jeweiligen Oberverband ermöglicht. Jedenfalls ist abzusehen, daß dieses Problem mit weiterer quantitativer und qualitativer Ausdehnung der Aufgabenverflechtungen zwischen Land, Kreisen und Gemeinden dringender werden wird.

Die Ausgestaltung eines solchen Systems könnte in der Weise erfolgen, daß der unmittelbar gewählten Vertretungskörperschaft des jeweils übergeordneten Verwaltungsträgers, also dem Bezirkstag des regionalen Bezirksverbandes und dem Kreistag, ein Kollegium der gesetzlichen Vertreter der unmittelbar nachgeordneten Gebietskörperschaften zur Seite gestellt wird. Das so beim Regionalverband gebildete Kollegium der Kreise und kreisfreien Städte und das beim Kreis gebildete Kollegium der kreisangehörigen Gemeinden würden einmal zu regelmäßiger Anhörung und Mitberatung in allen grundsätzlichen Fragen der Verflechtungsbeziehungen zur Verfügung stehen. Sie würden zum anderen als ergänzende Beschlußquoren des Bezirks bzw. des Kreises in solchen Angelegenheiten zu beteiligen sein, die das Verhältnis der übergeordneten Körperschaft zu den nachgeordneten Körperschaften unmittelbar regeln. Das wäre vor allem die Festsetzung der Kreisumlage und Bezirksumlage, sowie die Aufstellung von Plänen und Richtlinien für die finanzielle Beteiligung des Kreises bzw. des Bezirks an den subventionsbedürftigen Maßnahmen der nachgeordneten Körperschaften. Eine Konfliktsregelung für den Fall wiederholter Divergenz der Beschlußfassung wäre vorzusehen.

Unabhängig hiervon wäre an die Bildung einer Kommunalkammer zu denken, die der Landesregierung und dem Landtag unmittelbar als Vertretung der nachgeordneten Gebietskörperschaften gegenübersteht. Sie würde auch an der die kommunalen Körperschaften berührenden Landesgesetzgebung zu beteiligen sein.

Ein solches Korrelat organisatorischer Verflechtung der Gebietskörperschaften zu den Verflechtungen der Aufgabe und der Mittelverteilung würde kaum zu einem komplizierteren Verfahren führen, als es jetzt in dem Geflecht zahlloser Einzelverhandlungen stattfindet. Es würde die z. Z. weitgehend verdeckte Aufgabengemeinschaft zwischen den verwaltenden Gebietsebenen institutionalisieren und damit zugleich kräftigen. Gewisse Hemmungen des Mißtrauens, die als Folge der konkurrierenden Allzuständigkeit der Gebietsebenen zu vermerken sind, würden durch offene und vertrauensvolle Mitverwaltung ersetzt.

VI.

Ebenso oft gefordert wie vernachlässigt ist die dringend notwendige Revision des Geflechts von Genehmigungsvorbehalten, von denen viele einem obrigkeitsstaatlichen Denken öffentlich-rechtlicher Vormundschaft, einer „tutelle administrative“, angehören, das angesichts der ausgedehnten Verantwortung der kommunalen Gebietskörperschaften völlig antiquiert erscheint. Eine Stadt, ein Kreis, die aus eigener Initiative und in eigener Verantwortung Hunderttausende von Einwohnern mit Energie, Wasser, Straßen, Schulen, Heimen versorgen, brauchen keine doppelte aufsichtsbehördliche Genehmigung für die Aufnahme eines Darlehns oder die Veräußerung eines Grundstücks. Die Genehmigung für den Bau einer Altenteilswohnung im Außenbereich braucht nicht den Regierungspräsidenten, in Schleswig-Holstein gar den Minister, zu beschäftigen. Die Beispiele ließen sich beliebig vermehren.

Sicherlich ist die Beharrung unserer Verwaltungsordnung auch auf einer weithin unverständlich gewordenen Ausdehnung des Systems der Genehmigungs- und sonstigen Mitwirkungsvorbehalte der Aufsichtsbehörden eine der unglückseligen Folgen der unausrottbar scheinenden begrifflichen Unterscheidung zwischen kommunaler Selbstverwaltung und einer ihr gegenüberstehenden „staatlichen“ Verwaltung, zwischen „Kommunalaufgaben“ und „Staatsaufgaben“. Seit langem weisen Verwaltungslehrer darauf hin, daß diese dualistische Vorstellung des Verhältnisses Staat — Selbstverwaltung dem Bereich historisch gewordenen politischen Streites zwischen Staat und Gesellschaft angehört; daß die Gemeinde, der Kreis mit allen ihren Funktionen und Betätigungsformen ebenso wie Bund und Land auch begrifflich unlösbare Teilglieder des Staates sind; daß Selbstverwaltung nur ein — allerdings besonders bedeutungsvolles — Ordnungsprinzip staatlicher Verantwortungsgliederung ist; daß schließlich auch die Verwendung des Begriffs Staat im Grundgesetz keine andere Interpretation zuläßt.

Dennoch halten die Länderverfassungen und Kommunalverfassungsgesetze einiger Bundesländer an dieser dualistischen Betrachtungsweise fest.

Einzelne Organe von Kreisen und größeren Städten werden mit dem Prädikat einer „staatlichen unteren Verwaltungsbehörde“ ausgestattet, um erst dadurch sie zur Übernahme bestimmter Aufgaben in die Lage zu versetzen, die als besonders herausgehoben im Sinne gesamtstaatlicher Verantwortung gelten. Dabei ist in Rechnung gestellt, daß mit dieser Begrenzung der Verwendung des Staatsbehördenbegriffs der unbegreifliche Umkehrschluß bestätigt wird, daß eben alle anderen Träger öffentlicher Verwaltung und ihre Organe dem Begriff, dem Dasein und dem Handeln des Staates nicht verbunden sind. Entsprechende Kritik muß der in einigen Ländern und auch in manchem Lehrbuch des Verwaltungsrechts fortgeführten Verwendung des Begriffs der „staatlichen Auftragsverwaltung“ entgegengehalten werden. Als ob die übrigen kommunalen Aufgaben nicht staatliche Verwaltung im Auftrage der Verfassung wären!

Eine Kommunalverwaltung, die mit einem Drittel der Gesamtausgaben aller Gebietsebenen des Staates an der Verwirklichung der Staatszwecke im modernen Leistungsstaat beteiligt ist, die mit ihrem Aufgabenerfindungsrecht zum wesentlichen Teil diese Staatszwecke selbst mit setzt, die an der Ausübung der Staatsgewalt unmittelbar und maßgeblich teilhat, ist „Staatsverwaltung“, ebenso wie die Landes- und Bundesverwaltung, und zwar wie diese unmittelbare, nicht wie Forsthoff meint, nur „mittelbare“ Staatsverwaltung. Die Verdunkelung dieses Sachverhalts ist geeignet, sowohl die aufgabenkonforme Organisationsgliederung der öffentlichen Verwaltung vor allem auf der Kreisebene und im regionalen Bereich, wie die Anpassung der Aufgabenzuordnung an die Erfordernisse des modernen Leistungsstaates unnötig zu erschweren.

Funktionsverlagerungen in der allgemeinen Landesverwaltung

Von Walter Schmitt

Wenn man an eine Zeit von 45 Minuten für das Referat gebunden ist, dann kann man nur gewisse Grundlinien aufzeichnen, die der Diskussion einen gewissen Rahmen und eine gewisse Richtung setzen. Weiterhin bin ich bei der Vorbereitung des Referates schon sehr früh zu der Erkenntnis gekommen, das Territoriale und das Funktionale sehr eng zusammenzubringen. Mit Ihrer gütigen Zustimmung möchte ich daher meine Ausführungen zum Funktionalen durch eine Darstellung dessen vorbereiten, was wir in Rheinland-Pfalz in den letzten vier Jahren, besonders aber in den letzten zwei Jahren, an Verwaltungsreform auf dem territorialen Gebiet getan haben. Ich bitte weiterhin um Ihr Verständnis, wenn ich noch einmal mit wenigen allgemeinen Worten die politische Notwendigkeit der Verwaltungsreform auf strukturellem und territorialem Gebiet unterstreiche.

I. Denn ganz unbestreitbar ist unser politisches Leben in einen sicherlich längeren Zeitabschnitt eingetreten, in dem wir in der Aufgabe umfassender und tiefgreifender Reform stehen und stehen werden.

1. Wenn wir an die Ausgangspunkte des gesellschaftlichen, staatlichen und kommunalen Neuaufbaus nach dem Kriege und dem Zusammenbruch des Jahres 1945 zurückdenken, so mußte dieser Neuaufbau ganz notwendigerweise zunächst „wiederherstellen“, zumal die Dimensionen des Fortschreitens auf allen Gebieten, voran denen der Wissenschaft, Wirtschaft und Technik für uns im Grunde damals nicht absehbar und voraussehbar sein konnten. Auch der staatliche Wiederaufbau, der Aufbau der Behörden und ihre innere Funktion mußten so notwendigerweise — wenn Sie so wollen und wenn Sie das Wort nicht mißverstehen — restaurative Züge haben. Die Notwendigkeiten des Jahres 1970 waren damals schlechterdings nicht zu erkennen und deshalb auch nicht in die konkreten Maßnahmen der eigentlichen Wiederaufbau-Epoche einzubeziehen. Heute hingegen ist ein Punkt erreicht, in dem die tiefgreifenden geistigen und technischen Entwicklungen nicht nur das Neuüberdenken unserer Strukturen, sondern auch

das reformerische Handeln dringend erfordern. Diese Erkenntnisse machen selbstverständlich gerade vor der Verwaltung schlechthin nicht Halt! Die äußeren Strukturen und das innere Funktionieren der Verwaltung haben sich bisher weithin Reformmaßnahmen größeren Stiles entzogen. Es galt bis vor kurzem vielleicht als so etwas wie ein — negativer — Lehrsatz, daß gerade die parlamentarische Demokratie wegen ihrer komplizierten Verteilung der Gewalten — sagen wir etwas zugespitzt: wegen der Schwerfälligkeit ihrer inneren Struktur — zu Reformmaßnahmen größeren Stiles nicht in der Lage sei. Sie könne die Dinge im Grunde nur sehr langsam und im sachlichen Ausmaß unbefriedigend „vor sich herschieben".

Wenn wir nun die Zeitspanne etwa der letzten fünf Jahre überblicken, dann ist der Themenbereich der „Reform der Verwaltung" in einem außerordentlichen Maße, in einem vor wenigen Jahren noch unvorstellbaren Maße in Fluß geraten. Und dies nicht nur im Bereich „akademischer" Betrachtung, sondern auch in der aktuellen politischen Vorstellung von Regierungen und Parlamenten, und in den Chancen ihrer tatsächlichen Verwirklichung im politischen Bereich. Die Aufgabe der Verwaltungsreform ist nicht nur von der Wissenschaft anerkannt, von den Regierungen erkannt, sondern auch beim Bürger, im Grundsatz jedenfalls, erkannt und bejaht.

Denn der Bürger hat ein unbestreitbares Unbehagen am bestehenden Zustand, in dem er charakteristischerweise nicht den einzelnen Aufgabenträger — etwa Bund, Länder und Gemeinden — und ihre jeweilige Verwaltung als Teilfunktion sieht, sondern in der er sich als einzelner der Gesamtheit einer für ihn anonym wirkenden Verwaltungsapparatur gegenüber und oft genug „ausgeliefert" sieht: Auf einen kurzen Nenner gebracht, lauten seine skeptischen Fragen:

a) Haben wir nicht ein Zuviel an Instanzen?

b) Entsprechen die Größenordnungen unserer Verwaltungseinheiten — in weiten Partien ein Relikt des 19. Jahrhunderts in seinen Anfängen — noch den Erfordernissen gegenwärtiger Zustände und zukünftiger Anforderungen?

c) Sind nicht zu viele und unter sich zu selbständige Stellen an der einzelnen Entscheidung beteiligt?

d) Ist deshalb die Verwaltung nicht einfach zu „langsam", zu „schwerfällig"?

Im ganzen gesehen wird so dieses Unbehagen an der Verwaltung zu einem Teil des Unbehagens an der „etablierten Gesellschaft" schlechthin; obwohl — und auch das sei hinzugefügt — es der gleiche Bürger ist, der mehr denn je von seinem Staat mehr oder weniger die totale Abnahme des individuellen und berufsständischen Lebensrisikos fordert, also in einem tragikomischen Circulus vitiosus zu der beklagten Allmacht, Undurchsichtigkeit und Schwerfälligkeit von Gesetzgebung und Verwaltungsapparatur beiträgt!

2. Die Verwaltungsreform gliedert sich bei näherem Besehen in einen *territorialen* und in einen *funktionalen* Teil. Lautet im Bereich der Territorialreform — und sie besitzt vordergründig die besondere Aufmerksamkeit der Öffentlichkeit — die Frage: Wo finden wir bei Staat und Kommunen die den heutigen Lebensverhältnissen einer hochindustrialisierten Massengesellschaft angemessenen Größenformen unserer Verwaltungseinheiten — angefangen im Grunde bereits bei Art. 29 GG —, so ist für die Neuordnung der inneren Zuständigkeiten die Frage gestellt: Wo wird die einzelne Verwaltungsfunktion im Aufbau der Verwaltung sinnvollerweise — sagen wir anspruchsvoll: optimal — wahrgenommen? Und: welcher inneren Reform ihrer Arbeits- und Denkweise unterliegen unsere Verwaltungsbehörden, um sie zu einem wirklichen zeitgemäßen Instrument ihrer Aufgabenerfüllung zu gestalten?

Um es gleich hinzuzufügen: Beide Fragenbereiche hängen im Grunde sehr eng zusammen! Sie sind begrifflich nicht scharf trennbar. Denn mit der Beibehaltung oder Neuschaffung von Institutionen begrenze und bestimme ich zugleich die Möglichkeiten der Aufgabenwahrnehmung in gewissen Grundzügen!

Um es an zwei Beispielen der Verwaltungsreform in unserem Lande Rheinland-Pfalz zu verdeutlichen:

a) Wir haben uns nach langen, gründlichen, von der Verwaltungswissenschaft unterstützten und gestützten — zunächst übrigens von einem tiefen parlamentarischen Mißtrauen gegen die Institution der staatlichen Mittelinstanz gekennzeichneten — Überlegungen einstweilen — ich betone: einstweilen — für die Beibehaltung der Regierungsbezirke unter Reduzierung ihrer Zahl von fünf auf drei — auch hier: einstweilen drei — entschieden. Mit dieser Entscheidung ist naturgemäß auch eine wesentliche Vorabentscheidung über die dreistufige Verteilung der Verwaltungsfunktionen auf Regierung — Mittelinstanzen und untere staatliche Verwaltungsbehörde gefallen.

b) Wir haben — ebenfalls nach gründlichen Vorüberlegungen — in der kommunalen Organisation unserer Gemeinden den Weg zur einheitlichen Bildung von Verbandsgemeinden im ganzen Lande — aber heute auch schon mit der Alternative ihrer Fortentwicklung zur einheitlichen Gemeinde — sagen wir: Großgemeinde oder Mehrortsgemeinde — bestritten. Dies nicht zuletzt auch aus der Absicht heraus, nicht nur eine einheitliche, übersichtliche und insbesondere für die Aufgaben der Daseinsvorsorge der Kommunen schlagkräftigere Organisation zu schaffen, sondern diese Verbandsgemeinden auch in verstärktem Maße mit staatlichen Auftragsangelegenheiten anzureichern, die die Verbandsgemeinde zu einem starken Punkt der Begegnung des Bürgers mit der Verwaltung machen und damit dem Grundgedanken ortsnaher Verwaltung Geltung verschaffen können.

Vielleicht ist dies der Punkt, an dem ich — wegen des engen Sachzusammenhangs territorialer und funktionaler Fragen — über die bisherigen Maßnahmen der Verwaltungsreform im Lande Rheinland-Pfalz einen kurzen Überblick geben darf: Neben den allgemeinen und allgemein anerkannten Zielen einer Verwaltungsreform — Erhöhung der Wirksamkeit der Verwaltung — bessere Verwaltung — Rationalisierung und damit auch konkrete Einsparungen — größere Übersichtlichkeit und — Bürgernähe der Verwaltung, die in unserer technisierten Welt weniger eine Frage der Km-Entfernung zur nächsten Verwaltungsbehörde, als die Frage ist, wie nahe eine Verwaltungsfunktion wirksam ausgeübt werden kann — mag gerade in unserem Lande noch der Gedanke der Rechtsvereinheitlichung hinzukommen. (Bekanntlich ist das Land Rheinland-Pfalz nach dem Kriege aus Gebietsteilen der Länder Preußen, Bayern und Hessen [bis 1936 gehörte gar ein Teil des heutigen Landkreises Birkenfeld zu Oldenburg] gebildet worden.) Und hinzukommen mag der Gedanke, daß wir auch mit dem Mittel schlagkräftiger Verwaltungseinheiten bei Land und Kommunen auch auf diesem Sektor die Entwicklungschancen nutzen, die uns dadurch gegeben sind, daß wir aus der Randlage des 19. Jahrhunderts verkehrsmäßig und wirtschaftlich in eine entwicklungsfähige Mittelpunktlage eingerückt sind.

Eine Regierungsvorlage nebst Denkschrift der Landesregierung vom Februar 1965 sah im wesentlichen territoriale Maßnahmen im Bereich der Bezirke, der Kreise, der Gerichtsorganisation und der sonstigen Behörden der Staatsverwaltung vor, untersuchte zugleich die Notwendigkeit der staatlichen Mittelinstanz und die Möglichkeiten funktionaler Änderungen insbesondere im Bereich der Zuständigkeitsverlagerungen mit der Tendenz der Dezentralisation. Obwohl diese letztere Untersuchung eher die Zähflüssigkeit ressortmäßiger Beharrungskraft widerspiegelt, war diese Vorlage zum damaligen Zeitpunkt eine verwaltungspolitische Sensation, die in der Bundesrepublik weiten Widerhall fand. Die parlamentarische Behandlung — bis morgen wird es das 6. Vereinfachungsgesetz sein — ging über die ursprünglichen Vorstellungen im Zuge zwischenzeitlicher Entwicklungen im ganzen Bundesgebiet weit hinaus und erstreckte sich insbesondere tiefgreifend auch auf den kommunalen Bereich (Gemeindeorganisation), der in der ursprünglichen Regierungsvorlage im Grunde noch gar nicht angesprochen war.

aa) Ein 1. Landesgesetz behandelte die Neugliederung von Gerichtsbezirken bei Amts- und Arbeitsgerichten mit dem Ziel der durchgängigen Beseitigung der Einmann-Amtsgerichte, um dadurch zu einer verbesserten Spezialität richterlicher Arbeit in diesem Bereich zu gelangen. Dasselbe Gesetz ermächtigte am Ausgang der Legislaturperiode die Landesregierung, durch Rechtsverordnung auch gesetzesgebundene Aufgaben und Zuständigkeiten auf die Bezirksregierungen und auf die unteren Verwaltungsbehörden zu übertragen.

Tatsächlich wurden stufenmäßig mehrere hundert Zuständigkeiten mit der Tendenz der Dezentralisation inzwischen übertragen. Zwei Kommissionen arbeiteten weitere Vorschläge der Aufgabenübertragung von Bezirksregierungen und Landratsämtern jeweils nach unten, also auf Landratsämter und Verbandsgemeinden aus, Maßnahmen, deren Verwirklichung z. T. im Zuge des künftigen Aufbaus der Verbandsgemeinden noch bevorsteht. Auf die kritische Wertung dieser Delegationen komme ich in späterem Zusammenhang noch einmal zurück. Wie immer man den Wert dieser Delegationen in der Summe im Verlagerungseffekt einschätzen mag, gemessen an der Immobilität, in der diese Dinge in der Vergangenheit waren und in manchem Bundesland übrigens auch heute noch sind, ist es immerhin ein sehr bedeutsames Faktum!

bb) Ein 2. Vereinfachungsgesetz verminderte die Zahl der Regierungsbezirke von fünf auf drei.

cc) Ein drittes Gesetz verminderte die Zahl der Landkreise um 11 von 39 auf 28 und hob die Durchschnittsgröße eines Landkreises von ca. 75 000 auf ca. 100 000. Wir sind bewußt nicht den Weg zu dem Großkreis mit 250 000 oder mehr Einwohnern gegangen. Denn dieser Großkreis würde das Bild des bisherigen Kreises wesentlich verändern. Wir wollten vielmehr eine organische Weiterentwicklung aus dem Bestehenden heraus. Wir haben deshalb auch das Prinzip gewahrt, daß das Zusammenfügen zweier bestehender Verwaltungseinheiten besser ist als eine völlige Neuschaffung von Verwaltungseinheiten unter Zerschlagung der bisherigen.

dd) Ein viertes, fünftes und sechstes Gesetz nehmen im Bereich der Gemeinden vor:

— Eingemeindungsmaßnahmen — insbesondere im Bereich der kreisfreien und großen kreisangehörigen Städte —, wobei bemerkenswerterweise weniger die Stärkung lokaler Verwaltungskraft im engeren Sinne, als vielmehr eine bessere Deckungsgleichheit von wirtschaftlichen Entwicklungs-Schwerpunkträumen mit Verwaltungsräumen im Vordergrund stand.

— Zusammenlegung von Gemeinden in räumlicher Nähe und

— eine Ermächtigung an die Landesregierung zur Auflösung von Zwerggemeinden unter 300 Einwohnern.

ee) Eine Verbandsgemeindeordnung — zwar nicht formell, aber dem materiellen Inhalt nach ein Vereinfachungsgesetz — schafft die Voraussetzung der Gliederung des Landes in — im Endstadium — wohl um 200 Verbandsgemeinden gegenüber einem Bestand von heute ca. 3000 Gemeinden im ganzen Land, die nur in den Bezirken Koblenz und Trier bisher die Zusammenfassung in den alten preußischen Ämtern kannten.

Lassen Sie mich wertend noch sagen:

Was in Rheinland-Pfalz bisher getan ist, ist der *erste* Versuch der Verwirklichung einer Reform auf so breiter Grundlage und in einem Zuge, — und mit allen notwendig damit verbundenen Schwierigkeiten der politischen Durchsetzung. Die gutachtlichen Untersuchungen in anderen Ländern — ich denke an Schleswig-Holstein, Nordrhein-Westfalen und Niedersachsen — mögen breiter und systemvoller sein, der bemerkenswerte Unterschied scheint mir aber zu sein, daß hier die Vorstellungen bereits ihre Verwirklichung in den genannten sieben Gesetzen gefunden haben!

Eine Reform zu so frühem Zeitpunkt bringt gewiß die Gefahr mit sich, daß sie durch zeitlich spätere Reformen in der „Nachbarschaft" inhaltlich überholt wird — und damit in gewissem Sinne entwertet wird.

Trotzdem haben wir m. E. richtig gehandelt, da die Konstellation einer zeitlich und thematisch begrenzten „Allparteienkoalition" eine Ausnahmesituation war, die zu nutzen war. Im übrigen versperren die jetzigen Maßnahmen keine zukünftigen Weiterentwicklungen: weder in der Fortbildung der Verbandsgemeinden zu einheitlichen Gemeinden, noch in der Entwicklung der Kreise — zumal ergänzende Lösungen an verschiedenen Stellen des Landes mit flächengroßen, aber bevölkerungsschwachen Kreisen, ich nenne den Raum des Neuwieder Beckens und den der bevölkerungsarmen Eifel, heute schon im Gange sind —, noch in der grundsätzlichen Frage der dauernden Beibehaltung einer staatlichen Mittelinstanzbehörde; wobei dieses Problem bei der Größenordnung und der geographischen Lage unseres Landes Rheinland-Pfalz eng zusammenhängt mit dem künftigen Schicksal der Länderreform.

Überdies gibt es eine Größenordnung des Reformeffekts — vom Funktionalen und vom Finanziellen her —, in der realistische Grenzen erreicht sind und in der das Neugeschaffene zunächst zu einer gewissen Konsolidierung und Bewährung kommen sollte. Vielleicht ist diese Grenze bei uns in Rheinland-Pfalz im Augenblick sogar erreicht.

II. Haben die bisherigen Ausführungen der Darstellung der Verwaltungsreform im Ganzen gegolten, so seien im folgenden einige Grundgedanken — nur solche können es in der Kürze der Zeit sein — speziell den funktionalen Gesichtspunkten im Bereich der Landesverwaltung gewidmet.

Ich sage es noch einmal als Bekenntnis, weil wir soviel über Größenordnung gesprochen haben: Territorialer Zuschnitt, wie sehr er in der politischen Diskussion und im Verständnis des verwaltungsunkundigen Laien im Vordergrund stehen mag, ist nicht — schon gar nicht unter dem Obersatz eines Größermachens der Einheiten nur um des Vergrößerns willen — das Alleinige und nicht einmal das überwiegend Wichtige in der Gesamtheit der Verwaltungsreform. Die funktionale Verwaltungsreform ist mindestens genauso wichtig.

Widerstände kommen in beiden Fällen aus verschiedenen Richtungen: Bei der territorialen Reform ist der harte Kern des Widerstandes das Establishment der betroffenen Verwaltungseinheiten, für die dann der wirkliche oder nur angebliche Widerstand des Bürgers stärker mobilisiert werden kann als er im Grunde genommen tatsächlich vorhanden ist. Bei der funktionalen Reform findet sich der Widerstand in der zuständigkeitsbeflissenen Apparatur bis hinauf in die jeweilige politische Spitze, die wirkliche oder scheinbare „Machtpositionen" konservieren will. Das macht die funktionale Verwaltungsreform zwar in der allgemeinen öffentlichen Diskussion geräuschloser; sie ist deshalb aber nicht weniger schwierig zu verwirklichen. Wenn ich die Vorstellungen in unserem Lande vergleiche mit dem, was an gutachtlichen Untersuchungen etwa in Nordrhein-Westfalen und Niedersachsen vorliegt — dabei muß ich hinzufügen, daß mir das in der vergangenen Woche der niedersächsischen Landesregierung übergebene Abschlußgutachten noch nicht zugänglich war, daß ich vielmehr seine wesentlichen Erkenntnisse nur aus den Notizen der Tagespresse erfahren konnte —, so sind bei allen Unterschiedlichkeiten der Einzelheiten — der aus der Unterschiedlichkeit der Verhältnisse häufig schwer vergleichbaren Einzelheiten — doch gewisse Grundlinien erkennbar, die allen gemeinsam sind:

1. Am dreistufigen Verwaltungsaufbau — also mit einer staatlichen Mittelinstanz — wird festgehalten.

2. Eine scharfe Trennung der typischen Funktionen für die einzelnen Ebenen im Verhältnis zueinander wird für notwendig erachtet.
   Diese bedingt die Aufgabe einer durchgreifenden Aufgabenverlagerung mit dem Ziel,

   — die Landesregierung freizumachen für ihre Aufgaben des „Regierens" und der allgemeinen Bestimmung, Kontrolle und Überwachung des Verwaltungsvollzugs unter grundsätzlicher Abgabe reiner Verwaltungstätigkeit ohne überregionales Gewicht,

— die Bezirksregierung freizumachen von den Verwaltungsaufgaben, die wirksam auch auf der Kreisstufe — und darunter — wahrgenommen werden können, insbesondere also von erstinstanzlicher Verwaltungsbefugnis, und sie bei gleichzeitiger Stärkung durch die Aufgabenaufnahme von „oben" zu einem schlagkräftigeren Instrument regionaler Verwaltungsführung in den wirklichen Gestaltungsaufgaben ihres Raumes zu machen,

— Hand in Hand damit die ortsnahe Verwaltung im Interesse ihrer Bürgernähe so weit und so gut wie möglich zu kräftigen.

3. Dem Gedanken der Einheit der Verwaltung in stärkerem Maße Geltung zu verschaffen.

Ich gehe nacheinander auf die drei Hauptpunkte ein:

1. Zweckmäßigkeit der Mittelinstanz:

So eindeutig die staatliche Mittelinstanz in der Verwaltungswissenschaft bejaht wird — auch bei uns in Rheinland-Pfalz hat die Befragung der Wissenschaftler im Zuge unseres Gesetzgebungsverfahrens zu einem eindeutigen „Ja" hinter der Frage, bei gleichzeitiger Bejahung ihrer inneren Reformbedürftigkeit — siehe insbesondere Aufgabenverlagerung — geführt —, so augenscheinlich gerät sie im politischen Feld immer wieder vor ein Fragezeichen. Mancherlei Gründe kommen dafür zusammen: Der verständliche, ja eigentlich berechtigte Wunsch, eine Instanz im Aufbau einsparen zu können, ihre unverkennbare Schwächung in der Vergangenheit und die Leichtigkeit, sie zu der in jeder Hinsicht nähergerückten Landesregierung „überspielen" zu können, müssen die Vorstellungen nähren, die in dem nicht gerade wohlgesonnenen Wort von der „Briefträgerbehörde" ihren Ausdruck finden.

Gleichwohl sprechen die gewichtigeren Gründe für ihre Beibehaltung. Ich versuche, sie auf einen kurzen Nenner zu bringen: Der überwiegende Teil ihrer — bereits heutigen — Aufgaben könnte nicht nach unten, sondern müßte nach oben verlagert werden. Entweder würden also die Landesregierungen von Verwaltungstätigkeit überwuchert oder Zuständigkeiten auf obere Landesverwaltungsbehörden verlagert, die strukturell kaum erwünscht sind, der Bündelungs- und Koordinierungsaufgabe der heutigen Mittelinstanz nicht gerecht zu werden vermöchten oder bei voller Übertragung in ein Landesverwaltungsamt doch nichts anderes als eine überdimensionierte Bezirksregierung wären. Dem Informationsbedürfnis einer Landesregierung trägt aber gerade wieder die Mehrzahl der Mittelinstanzbehörden mit einer Palette von Auffassungen und Meinungen Rechnung.

Für die Beibehaltung der Mittelinstanzbehörde spricht weiterhin ihre Bündelungs- und Koordinierungsfunktion, die gerade auf dieser Ebene einer versachlichten Verwaltung wichtig ist. Sie erscheint mir geradezu als die Grundaufgabe der Instanz und die Grundlage ihrer Existenzberechtigung.

Die Dinge hängen eng zusammen mit den Fragen der Einheit der Verwaltung. Je differenzierter die Lebensvorgänge werden, je differenzierter darum auch die Leistungsanforderungen an die Verwaltung werden, um so notwendiger erscheint eine ganzheitliche Betrachtung durch die Verwaltung und um so größer ist der innere Zusammenhang der insgesamt zu erfüllenden Aufgaben. Auf die Koordinierungsaufgabe der Mittelinstanz kann um so schwerer verzichtet werden als auch heute noch die Bündelung der Aufgabenerfüllung besonders in ihrem Bereich zu bewerkstelligen ist. Denn nach oben splittert sich die Aufgabenerfüllung durch die Zuständigkeiten der verschiedenen Ressorts notwendigerweise auf; und auch nach unten — ich möchte meinen: auch nach Reformen — läuft sie stärker auseinander.

Die größtmögliche Einheitlichkeit der Rechtsanwendung im Lande — ein weiterer Gesichtspunkt und im Grunde auch eine klare Forderung des Bürgers an den Staat — wird durch eine schlagkräftige Mittelinstanz besser gewährleistet als durch eine größere Zahl kleinerer Aufgabenträger. Die Differenzierung der Lebensverhältnisse fordert zugleich eine größere Spezialisierung der Verwaltungsgestaltung. Dies setzt — wie noch zu zeigen sein wird — auch der Aufgabendelegation Grenzen.

Bei Beibehaltung der staatlichen Mittelinstanz bleibt schließlich der Staat auf dieser Verwaltungsebene präsent. Er sollte sich weder im Bereich der Ordnungsverwaltung noch in dem der Leistungsverwaltung aus der, nennen wir es einmal: Provinz zurückziehen. Dies gilt insbesondere auch für seine Verantwortung als Aufgabenträger der unmittelbaren Sozialgestaltung.

Natürlich bin ich mir bewußt, daß die Frage der Ablösung der Mittelinstanz und der Landkreise des bisherigen Typus durch Verwaltungseinheiten auf regionaler Ebene — in der Größenordnung zwischen beiden — lebhaft diskutiert und auch im politischen Raum erstrebt wird. Auch daß es Gründe gibt, die dafür ins Feld geführt werden können: wie Rationalisierungseffekt durch Wegfall einer Instanz, Sicherung des staatlichen Einflusses durch die Einsetzung eines verantwortlichen staatlichen Beamten, leichtere Harmonisierung mit den Grenzen der im Aufbau befindlichen Planungsregionen, vielleicht auch neue Möglichkeit der Verwirklichung der Einheit der Verwaltung. Aber im ganzen gesehen scheinen mir die Gründe für die Beibehaltung deutlich zu überwiegen.

Hinzu kommt ein — wie ich glaube — verfassungspolitisches Argument. Es fällt mir auf, daß der Wegfall der Mittelinstanz bisher — politisch gesehen — stets aus oppositioneller Sicht in den einzelnen Ländern gesehen und gefordert wird. Letztlich scheint mir also, bewußt oder unbewußt, der Gedanke des Zurückdrängens der staatlichen Präsenz eine wichtige Rolle zu spielen, die man unterschiedlich beantworten oder empfinden vermag, je nachdem, ob man sich in Regierung oder Opposition befindet.

Wir im Lande hielten jedenfalls die Abschaffung der Mittelinstanz für mindestens zur Zeit nicht aktuell! Sie hätte — so befürchteten wir — die Einführung von 20 Großkreisen = kleinen Bezirksregierungen bei gleichzeitiger „Revolutionierung" der kommunalen Organisationsstufe bedeutet und auch deswegen die Reformanstrengungen einfach überfordert. Das schließt nicht aus, daß über die Entwicklung der kommunalen Verwaltungsstufe — über Verbandsgemeinden zu Großgemeinden, größere Kreise — zu einem zukünftigen Zeitpunkt die Frage der Bezirksregierung neu gestellt sein wird und auch neue Lösungsmöglichkeiten sich anbieten.

2. Aber damit zurück zur Frage der Aufgabendelegation:

a) Beschränkt sich die Landesregierung auf das Regieren, das Allgemeine des Verwaltungsvollzugs, auf Richtliniengebung, überregionalen Ausgleich und Aufgaben von besonderem überregionalen Gewicht, so bieten alle Länderregierungen reizvolle Möglichkeiten praktischer und auch recht tiefgreifender Verwaltungsreform. Denn allenthalben ist ein Zug zum Heraufziehen von Aufgaben — freiwillig oder aufgedrängt —, zur Konzentration von Aufgaben mit gleichzeitiger ressortmäßiger Aufsplitterung zu beobachten. Es mag in den einzelnen Ressorts unterschiedlich sein — ein Innenministerium wird normalerweise delegationsfreundlicher sein als ein Landwirtschaftsministerium —, im ganzen bleibt ein breites Spektrum von Verwaltungsarbeit, von dem die Zentralinstanz befreit werden sollte.

Daß unsere Landesregierungen in aller Regel auch noch nicht intern das optimale Verhältnis ihrer Aufgabenverteilung gefunden haben, daß es viel Ressortdualismus und unnütze Überschneidungen gibt — ich nenne für Rheinland-Pfalz etwa nur den klassischen Streit um die Ressortheimat von Landespflege und Landschaftsschutz —, und daß den Landesregierungen eine sehr unmittelbare Aufgabe ihrer optimalen inneren Organisation gestellt ist, sei nur am Rande bemerkt.

b) Bei der Bezirksregierung heißt dies — noch einmal — Aufnahme leitender Verwaltungsbefugnisse von oben, Abgabe von — insbesondere erstinstanzlichen — Verwaltungsaufgaben nach unten. Die Erfüllung dieser Aufgabe wird wesentlich dazu beitragen, ob wir wirklich zu einem — sagen wir — neuen Typus der Bezirksregierung kommen. Denn mag auch Aufzunehmendes und Abzugebendes sich im Arbeitseffekt vielleicht die Waage halten, so verändert es doch den Charakter der Behörde zu einer sehr viel mehr verwaltungsführenden Behörde, was auch seine Auswirkungen auf Technik und Stil ihrer Führung und ihrer inneren Organisation haben muß. Zu den nüchternen Notwendigkeiten gehört auch ihre stärkere Einschaltung in die Verteilung staatlicher Gelder, die heute aus sehr vordergründigen politischen Überlegungen unerwünscht zentralisiert ist. In einer Zeit, in der der Staat — leider — als überdimensionierte Geldverteilungsmaschinerie verstanden wird, ist eine Behörde zwangsläufig diskreditiert, die „kein Geld" hat. Vorbehaltlich überregionaler Ausgleichsmittel und vorbehaltlich der Förderung überregionaler, die Entwicklung des ganzen Landes tangierender Maßnahmen, sollte deshalb die Mittelverteilung viel stärker als bisher von der Zentralinstanz an die nachgeordnete Verwaltung verlagert werden.

Nur noch soviel: Gerade in einer Behörde mit typischer Bündelungs- und Koordinierungsfunktion sollten Ordnungs- und Leistungsverwaltung im Interesse einer ganzheitlichen Schau der Dinge nicht grundsätzlich separiert werden. Mag sein, daß das Vorhandensein der Landschaftsverbände als starker Aufgabenträger im kommunalprovinziellen Bereich in Nordrhein-Westfalen andere Wege weist — dort will man, wenn ich das Rietdorf-Gutachten richtig verstehe, die Ordnungsverwaltung grundsätzlich dem Regierungspräsidenten, die Leistungsverwaltung grundsätzlich dem Regionalverband zuweisen —, ein Modell sollte dies nach meiner Meinung nicht sein, ganz sicher nicht in unserem Land, in dem der — ehedem bayerische — Bezirksverband der Pfalz eigentlich nur noch eine Art fossiles Dasein führt.

Was nun die Aufgabenübernahme der unteren Verwaltungsbehörde angeht, so ergeben sich die Folgerungen logisch aus dem bereits Gesagten. Ich möchte allerdings hervorheben: Ich spreche nicht einem wahllosen „Herunterkämmen" von Aufgaben das Wort, sondern einer „gezielten Aufgabendelegation". Und deshalb gibt es selbstverständlich untere Grenzen, die u. a. auch durch das Bundesrecht gesetzt sind. Die manchmal gehörte euphorische Vorstellung, daß es oberhalb der Verbandsgemeinde nicht mehr viel an Verwaltung zu geben brauche, ist natürlich Unsinn. Auf der unteren Ebene darf es nicht zu einer unrationellen Zersplitterung kommen. So reicht in aller Regel die Verbandsgemeinde nicht zur Ausstattung mit einem kompletten Bauamt mit umfassender Zuständigkeit aus, da die Summe der Verwaltungsvorgänge den Apparat nicht trägt. Ebensowenig darf es zu einer Gefährdung der objektiven Handhabung im Gesetzesvollzug kommen. Es gibt nun einmal Verwaltungsaufgaben, bei denen eine gewisse Entfernung vom Ort notwendig ist, um die Entscheidung in den Raum sachlicher Überlegungen zu heben und persönlichen Verflechtungen zu entheben. Die Bußgeldbescheide mögen ein Beispiel sein.

Zwei Gesichtspunkte bedürfen aber noch der Erwähnung: Alle Delegationen sollten im Auge behalten, daß soviele Angelegenheiten wie möglich auf einer Verwaltungsebene erledigt werden können (vertikale Einheit). Alle Delegationen sollten darauf achten, daß soviele Verwaltungsangelegenheiten wie möglich von *einer* Behörde — ohne Einschaltung von gleichgelagerten Fachbehörden — erledigt werden können.

3. Damit bin ich an der Nahtstelle des letzten größeren Problems: das ist die Einheit der Verwaltung. Gestatten Sie mir dazu noch einige Bemerkungen.

Die Forderung nach Einheit der Verwaltung betrifft alle Ebenen: In der zentralen Verwaltungsspitze sind es die selbständigen Landesoberbehörden. Zwischen den Extremen der Belassung des gegenwärtigen Zustandes und der Zusammenfassung in *einem* Amt — hierfür liegen, insbesondere in Niedersachsen, keine ermutigenden Erfahrungen vor — bleibt die Untersuchung, ob nicht einige in Ministerien oder Mittelinstanzbehörden eingegliedert werden oder, soweit sie in gewissem Sachzusammenhang stehen, zusammengefaßt werden sollten; also etwa im Bereich der Sozial- oder der Verkehrsverwaltung. Augenscheinlich scheint mir zu sein, daß eine Aufgabe wie etwa die der Landesstraßenverwaltung bei der Großflächigkeit ihrer Aufgabe in Planung und Ausführung nicht sinnvoll — jedenfalls nicht mit echtem Rationalisierungseffekt — in die Mittelinstanz eingegliedert werden kann; auch nicht in eine reformierte Mittelinstanz, und daß deshalb auch der in Nordrhein-Westfalen beabsichtigte Weg, diese Verwaltung zentral neben Regierungen und Regionalverbände zu stellen, den Sacherfordernissen entspricht.

In der Mittelinstanz bleiben — so meine ich — Möglichkeiten der weiteren Anbindung von Sonderbehörden. Der Grundsatz der Einheit der Verwaltung sollte auch hier bei allen Reformmaßnahmen im Vordergrund stehen.

Ein dankbares Betätigungsfeld für eine größere Einheit der Verwaltung scheint mir vor allem auf der Ebene des Kreises gegeben zu sein. Dies ist seit eh und je im Grundsatz anerkannt, harrt aber vielfach der Verwirklichung; und zwar deshalb, weil das Fachressort glaubt, auf den kürzeren — und wie es meint, wirkungsvolleren — Arm zu seiner nachgeordneten Fachverwaltung nicht verzichten zu können. Der Effekt einer größeren Einheit der Verwaltung erscheint mir von der allgemeinen Verwaltung her gesehen evident. Ich denke für unser Land an die Eingliederung etwa der Veterinärverwaltung, der Katasterverwaltung, der Gesundheitsverwaltung, im Bereich der Landwirtschaft der Landwirtschaftsschulen und -beratungsstellen, der Kulturämter, um nur einiges anzudeuten. Die Grundausstattung der Behörde wird einheitlich und damit billiger. Die insgesamt vorhandenen Kräfte können rationeller eingesetzt werden; dabei ist insbesondere an einen Kräfteausgleich bei Schubarbeiten zu denken. Vor allem dient es dem Bürger, wenn er es mit einer Behörde zu tun hat, wenn diese auch vielleicht nicht sofort und in einem Zuge unter einem Dach vereint ist. Die ganzheitliche Schau der Verwaltungsaufgaben, die ich für die Mittelinstanz unterstrichen habe, scheint mir auch auf dieser Ebene eine sinnvolle verwaltungspolitische Richtschnur zu sein. Sie wird gefördert, und das ressortgebundene Denken der isolierten Behörde eingeschränkt, wenn das Prinzip der Einheit der Verwaltung auf dieser Ebene in größerem Maße verwirklicht würde. Der Landrat schließlich wird in stärkerem Maße als Informationsträger gegenüber der Landesregierung legitimiert und gestärkt. Zwar haben wir in unserem Lande einen Harmonisierungserlaß aus dem Jahre 1954; er wird von Zeit zu Zeit in Erinnerung gerufen. Aber ein unregelmäßiges Kaffeekränzchen der Behördenleiter mit der Versicherung gegenseitigen Wohlwollens ersetzt nicht institutionelle Maßnahmen auf diesem Gebiet.

Lassen Sie mich noch einmal auf den derzeitigen Stand der funktionalen Verwaltungsreform in unserem Lande zurückkommen. Ich will es mit den Worten des Staatssekretärs Duppré in der Einleitung zum Bericht zur Zweiten Dokumentation zur Verwaltungsvereinfachung in Rheinland-Pfalz ausführen:

„Der gesetzgeberische Ertrag 1½jähriger Parlamentsarbeit ist sicherlich außerordentlich beachtlich. Daneben hat sich die Landesregierung — wie im Reformprogramm angekündigt — um eine durchgreifende Funktionalreform bemüht. Zweck dieser Funktionalreform ist die Vereinfachung und Rationalisierung der Staats- und Kommunalverwaltung durch Zusammenfassung und Auflösung von Behörden sowie durch eine zweckmäßige Zuordnung der Verwaltungskompetenzen im Sinne einer Verlagerung nach unten und durch Wegfall überflüssiger Verwaltungsaufgaben. Diese Funktionalreform wurde durch Kabinettsbeschluß eingeleitet, der die eingesetzten Sachverständigenkommissionen mit entsprechenden Richtlinien versah. In der Zeit vom März 1965 bis Februar 1968 wurden 217 Verwaltungsfunktionen aus den Zentralbehörden auf die Mittelinstanz verlagert. Am 6. 2. 1968 billigte die Landesregierung einen weiteren Katalog von 128 Verwaltungsaufgaben, die von den Ministerien auf nachgeordnete Behörden verlagert werden, so daß am 1. 7. 1968 nahezu 350 Verwaltungskompetenzen von der Zentrale delegiert waren. Am 21. 10. und am 26. 11. 1968 hat der Ministerrat beschlossen, weitere 19 Delegationen von der Zentralinstanz auf die Mittelinstanz vorzunehmen. Auf der Grundlage dieser Beschlüsse werden ferner 121 Verwaltungskompetenzen im Bereich des Beamten-, Besoldungs- und Tarifrechtes von den Ministerien auf nachgeordnete Instanzen übertragen werden. Weiterhin ist vorgesehen, 103 Verwaltungsaufgaben von der Bezirksregierung auf die Landratsämter zu verlagern. Im Hinblick auf die Neuordnung des Kommunalverfassungsrechts (Einführung der Verbandsgemeinde) und der damit verbundenen Stärkung der Verwaltungskraft hat die Landesregierung beschlossen, Verwaltungsfunktionen, die bislang von den Landratsämtern wahrgenommen wurden, den Verbandsgemeinden zu übertragen. Im Verfolg dieser Zielsetzung wurden 64 Verwaltungsfunktionen von den Landratsämtern auf die Verbandsgemeinden delegiert. Mit diesen insgesamt ca. 650 Delegationen und einer größeren Zahl von Aufgaben, die in Zukunft in allen Bereichen der öffentlichen Verwaltung in Wegfall kommen, hat die Landesregierung die Maßnahmen zur Neuordnung der Verwaltungszuständigkeiten im wesentlichen abgeschlossen."

Ich unterstreiche alles bis auf den letzten Satz. Ich sehe hier eine gewisse Diskrepanz zwischen Zahl und Gewicht. Bei der Zahl der 650 Zuständigkeiten bedarf es einer exakten Analyse, um welche Zuständigkeiten es sich handelt und welche Gewichtigkeit sie haben. Und hier lassen Sie mich mit aller Vorsicht sagen: Ich bin zwar der Meinung, daß diese Zahlen ein durchaus eindrucksvolles Bild davon geben, daß hier ein sehr nützlicher und ansehnlicher Ansatzpunkt zur Funktionalreform und zur Aufgabendelegation gemacht worden ist. Ich bin aber ebenso der Meinung, daß damit der Problemkreis der Funktionalreform in unserem Lande noch nicht bewältigt ist, sondern zu einem guten Teil auch heute noch vor uns liegt, und daß es einer sehr gründlichen Untersuchung bedarf, welche der Zahl nach vielleicht geringeren, aber dem Gewicht nach wesentlicheren Verwaltungsaufgaben ebenfalls verlagert werden können. Ich möchte nur auf meine Ausführungen zur Frage der Einheit der Verwaltung hinweisen. Diese Frage — insbesondere auf der Kreisebene — ist durch die bisher vorgenommenen Delegationen im Prinzip überhaupt noch nicht angesprochen. Und ich bin der Meinung, daß die notwendige Fortsetzung der Funktionalreform vielleicht in der Zukunft noch die stärkste Selbstentäußerung der betroffenen Fachressorts im Vergleich zur Vergangenheit verlangen wird.

III. Lassen Sie mich ganz am Schluß noch einige verwaltungspolitische Anmerkungen machen: Die Fragen unseres Verwaltungsgefüges und unserer Verwaltungswirklichkeit kann man nicht nur aus dem Zustand der Gesetze und aus gesetzlichen Reformmaßnahmen ablesen; vielmehr ist vieles in unserem Verwaltungsgeschehen abhängig von der Verwaltungsgesinnung, die nicht mit Reformparagraphen erfaßt werden kann. Ich nenne nur ein paar Beispiele: Die zuständige Behörde muß ihre Zuständigkeiten auch wirklich ausschöpfen. Sie darf nicht von sich aus die Verantwortung nach oben abschieben wollen, aus welchen Gründen auch immer. Sie darf auch nicht von oben durch das Heraufziehen der Entscheidung, und sei es auch nur in der Form der Berichtspflichten oder der Zustimmungsvorbehalte, gegängelt werden. Übrigens ist die Bewährung der Mittelinstanz eines reformierten Typus entscheidend davon abhängig, ob sie ihren Zuständigkeitsbereich voll wahrnehmen kann.

Sie haben heute morgen, Herr Kollege Schneeberger, die Frage gestellt, wer eigentlich Schuld sei an dieser Gängelung, die oben oder die unten. Sie haben diese Frage aber nicht beantwortet. Ich werde Ihnen die Antwort geben: beide. Denn die Tendenzen des Umgehens der Mittelbehörde kommen ja von oben und von unten. Sie kommen von oben von der Ministerialbehörde; sie kommen von unten, teils aus dem Bereich der Verwaltung; mehr und „schädlicher" aber aus dem Bereich der Politik. Das berührt ein anderes Problem: nämlich das Wirksamwerden des Abgeordneten mit „kommunaler Verfestigung", wenn ich einmal so sagen darf. Der Abgeordnete dieser Art hat eben nun einmal ansehnliche Möglichkeiten, die Mittelinstanz zu überspielen.

Die höhere Instanz muß der Versuchung widerstehen, am Überspielen der nachgeordneten Verwaltung mitzuwirken. Sie muß so phantasievoll sein, sich vorstellen zu können, daß auch eine nachgeordnete Behörde im Bereich ihrer Zuständigkeit eine Angelegenheit allein richtig entscheiden kann.

Lassen Sie mich noch auf ein anderes, sehr problematisches — und zwar sowohl aus der Sicht des Parlaments als mehr noch aus der Sicht der Verwaltung — Phänomen hinweisen, wobei ich in erster Linie aus meiner praktischen Erfahrung bei der Mittelinstanzverwaltung schöpfen kann. Das ist das Phänomen der — wie man so gern in der Verwaltung sagt — „Abgeordnetenverwaltung". Abgeordnete sind — ich weiß das, weil ich selbst einer bin — Leute, die den unstillbaren Drang haben, ihrer Umwelt Gutes zu tun; vor allem natürlich ihrem eigenen Wahlkreis. Und außerdem: Diese Abgeordneten haben auch einen unstillbaren Drang, dieses Gute der Umwelt sichtbar zu machen. Das, was also an Beeinflussung der Verwaltung geschieht, häufig auch nicht einmal geschieht, sondern nur in einem Mitwirken in einer ohnehin gegebenen Richtung besteht, erscheint am anderen Tage als Leistung des Abgeordneten in der Presse und diskreditiert die Verwaltung. Denn für den Bürger sieht es so aus, als bedürfe er für die Verwirklichung seines Anliegens — oft genug sogar vor jeglicher Inanspruchnahme der Verwaltung — eines Abgeordneten. Dies ist irgendwie ein Element der Korrumpierung, nicht nur des Parlaments und nicht nur der Verwaltung, sondern des Staates schlechthin. Und es entzieht den Abgeordneten in der letzten Konsequenz nachhaltig seiner eigentlichen Aufgabe und macht ihn — lassen Sie mich das zugespitzt sagen — zum unbezahlten Winkeladvokaten seiner Klientel; und zwar häufig gerade in den Anliegen an die Verwaltung, die nicht gerade die besten und solidesten sind.

Im Zusammenhang mit der Verwaltungsreform lassen Sie mich noch auf die Austauschbarkeit der Beamten und ihren effektiven Austausch eingehen, obwohl dies nicht zur Funktionalreform im engeren Sinne gehört, aber m. E. doch im weiteren Sinne dazu gerechnet werden kann. Die Forderung nach der Austauschbarkeit der Beamten können wir schon aus der preußischen Verwaltung während der Weimarer Republik hören. Es ist von der Struktur unserer Verwaltungen her einfach falsch, wenn kein Erfahrungsaustausch zwischen den verschiedenen Instanzen zustande kommt, der auch einmal so verwirklicht werden muß, daß ein Herr, der schon bei der Ministerialverwaltung ist, auch in eine ansehnliche Tätigkeit in einer nachgeordneten Verwaltung einrückt und dies nicht als Diskreditierung oder gar als Pseudodisziplinarmaßnahme empfindet. In unseren Zentralinstanzen sind nach meiner Beobachtung vielzuviel — zugegebenermaßen kluge — Leute am Werk, die, vom Assessor angefangen, das Frontgeschehen der Verwaltung noch nicht gesehen haben. Wer draußen an der Durchführung ministerieller Erlasse praktisch beteiligt ist, weiß, daß viele dieser Erlasse deutliche Spuren dieser Tatsache tragen.

Über den Typus des heute notwendigen Verwaltungsbeamten — auch eine Frage der Funktionalreform im weitesten Sinne — möchte ich nichts sagen, da dies die Aufgabe des morgigen Referates ist.

Einen Nachholbedarf an funktionaler Reform im weiteren Bereich haben wir — darauf möchte ich am Schluß noch hinweisen — im Hinblick auf eine Aufgaben- und Belastungsanalyse. Wir alle — wir in der Verwaltung und wir im Parlament — leiden darunter, daß unsere Gesetzgebung viel zu unbedacht ohne eine solche Aufgaben- und Belastungsanalyse geschieht. Wir machen immer wieder aus konkreten Not- oder Bedarfssituationen heraus nach bestimmten Forderungen, die in der Regel nicht aus der Verwaltung, sondern anderswo herkommen, Gesetze — und müssen sie machen —, ohne daß der Gesetzgeber bzw. der einzelne Abgeordnete eine klare Vorstellung davon hat, wie die Ausführung dieser Gesetze die Verwaltung belastet und wie der notwendige politische Effekt dieses Gesetzes zu dem Effekt der Belastung der betroffenen Verwaltung steht.

Damit bin ich am Schluß meiner Ausführungen. Wir als die Gesellschaft von heute werden in späteren Zeiten an vielem gemessen werden, nicht zuletzt aber auch daran, ob wir in dem weiten Feld, das uns hier in diesen Tagen beschäftigt, es zur rechten Zeit verstanden haben, in der Organisation unserer Verwaltung mit der Zeit zu gehen und zur rechten Zeit das Richtige und das Notwendige getan zu haben. Der Optimismus, daß wir es tun wollen, ist selbstverständlich. Den Optimismus, daß wir es auch tun werden, habe ich bis zur Stunde noch nicht verloren.

Neue Anforderungen an die Angehörigen des öffentlichen Dienstes im Wandel der Industriegesellschaft

Von Willi Thiele*

I.

Unsere Wirtschaftspolitik ist unter das Motto gestellt: „Die Zukunft dürfen wir nicht dem Zufall überlassen. Wir müssen heute schon die Weichen für morgen stellen." Auch in der Verwaltung bemühen wir uns, einen Blick in die Zukunft zu werfen und die Verwaltung auf entsprechenden Kurs zu bringen. Der Beamte müsse deshalb, so fordert es z. B. Hanns Friedrich Lorenz, außer dem spezifischen Fachwissen gründliche Kenntnisse von dem Verhalten der Bürger, von zwischenmenschlichen Beziehungen, von Gruppen, von komplexen Institutionen und von der Gesellschaft im ganzen besitzen. Schauen wir genauer hin, so stellen wir, teilweise sogar mit einigem Erstaunen, fest, daß unsere Verwaltung — und das gilt sowohl für die Staats- als auch für die in dieser Hinsicht sich gelegentlich recht avantgardistisch fühlende Selbstverwaltung — sich noch in einem beachtlichen Ausmaß des Stils und der Methoden bedient, die im 19. Jahrhundert und früher entwickelt worden sind. So begründet nun die Klage über das Festhalten an der Honoratiorenverwaltung ist, die noch nichts von neuen „Entscheidungs- und Planungstechniken" weiß, so amüsant erscheint mir die weitere Feststellung, daß dies so sein soll, obgleich in der wohlfahrtsstaatlichen Massendemokratie keine Honoratiorenschicht mehr vorhanden sei. Die Honoratiorenschicht des 20. Jahrhunderts heißt Establishment, und von einer Gestaltung der gesellschaftlichen Verhältnisse im Sinne des Sozialstaates sind wir noch weit entfernt.

In den letzten Jahren sind — und das ist zu früheren Zeiten nicht anders gewesen — nicht mehr zu zählende Ausführungen über die Notwendigkeit der Umstrukturierung unserer Verwaltung gemacht und entsprechende Programme vorgeschlagen worden. Und wir bemühen uns in diesen Tagen ja redlich, den Berg der Argumente und Gegenargumente

---

* Wegen Erkrankung des Verfassers wurden die Ausführungen durch Herrn Ltd. Regierungsdirektor von der Lühe (Braunschweig) vorgetragen.

anwachsen zu lassen. Begriffe wie *Leistungs-* und *Planungsverwaltung* — das muß in diesem Zusammenhang leider festgestellt werden — erinnern schon langsam an abgegriffene Münzen, deren Symbole und Wertangaben auf Vorder- und Rückseite nur noch flüchtig betrachtet und deren Feingehalt häufig gar nicht mehr richtig zur Kenntnis genommen wird. Dem steht nicht entgegen, daß, wie Arnold Gehlen es einmal formuliert hat, der moderne gesellschaftsimmanente Staat sich in den letzten Jahrzehnten sehr deutlich zu etwas wie einem universalen Daseinsgaranten fortentwickelt hat. Was mir an vielen Versuchen, Wandlungen der Aufgaben, Funktionsverlagerungen usw. zu beschreiben, zu fehlen scheint, ist die Erkenntnis von der Notwendigkeit, erst einmal die Sinne zu öffnen, um den Pulsschlag unserer Zeit erfühlen zu können. Der hastige Ablauf des Tagesgeschehens muß nämlich seine Einordnung in die großen geschichtlichen Zusammenhänge finden. Diese wiederum sollten nicht als ein ununterscheidbarer Strom blinder Kausalität angesehen werden. Sie wollen von uns er- und verarbeitet werden. Erst dann lassen sich — vielleicht — Leitlinien und Markierungszeichen für die Zukunft finden. Ein solches — gelassenes — Vorgehen kann vor Überschätzungen und somit Fehleinschätzungen des Gegenwärtigen, die zu falschen Prognosen für die Zukunft führen können, bewahren.

Selbstverständlich ist bei den Bemühungen, die zukünftige Entwicklung zu erkennen und die ihr gemäßen Formen zu entwickeln, auch immer wieder die Frage gestellt, welchen Auftrag unsere *Verfassung* der Verwaltung erteilt und welche Stellung und Aufgabe sie den in der Verwaltung Tätigen zuweist. In diesen Bereich gehört die so schön klingende These, die im Grundgesetz geforderte Rechtsstaatlichkeit der demokratischen Ordnung verlange institutionelle Formen, welche den Wildwuchs des gesellschaftlich-politischen Machtkampfes beschneiden und dem Leben der Gemeinschaft die notwendige Stabilität zu geben vermögen (Sontheimer). Das allerdings, was zur Realisierung dieser — sicherlich berechtigten — Forderung getan ist und getan wird, gibt nicht gerade zur Beruhigung Anlaß. Auch fordert unsere Verfassung nicht nur Rechtsstaatlichkeit, sondern dem Staat ist auch die Verpflichtung der Erfüllung eines Sozialauftrages auferlegt, d. h. er muß sozialgestaltend tätig werden. Analysieren wir unsere gesellschaftliche Entwicklung, so stellen wir fest, daß sich nun schon seit Jahrzehnten eine ständig wachsende sozialpolitische Dynamik im öffentlichen Bereich auswirkt. Welch weites Feld hier noch zu beackern ist, ist evident. Angesichts des Grabens, der zwischen Verfassungsauftrag und Verfassungswirklichkeit besteht, ist man versucht, diese Zeit als eine merkwürdige zu bezeichnen, es sei denn, man tröstet sich mit Lorenz von Stein, der bekanntlich seine Zeit oft als „merkwürdiges Jahrhundert“ gekennzeichnet hat.

Schließlich ist auch die sog. *Industriegesellschaft* immer wieder berufen, und es ist versucht worden, bestimmte Wandlungen aufzuzeigen, um erforschen zu können, welche Funktion die Verwaltung unter diesem Aspekt zu erfüllen hat und welche Aufgaben sich insoweit den Angehörigen des öffentlichen Dienstes stellen. Indes wandelt sich diese Industriegesellschaft nicht nur ständig, sondern in zunehmend kürzeren Intervallen. So konnte etwa die Aushöhlung der Intimsphäre der Familie sowohl im Hinblick auf den damit verbundenen Abbau der väterlichen Autorität beschrieben werden als auch bezüglich des architektonischen Ausdrucks, den diese Entwicklung im Haus- und Städtebau gefunden hat. Wie steht es aber z. B. mit der Konzentration oder der Kooperation in der Wirtschaft und den Folgen, die sich aus dieser weltweit feststellbaren und immer mächtiger werdenden Tendenz für die Arbeitnehmer, für die Verbraucher, für die Verwaltung ergeben?

Trotz aller politischen, wirtschaftlichen und gesellschaftlichen Veränderungen, unterschiedlichen historischen Phasen und verschiedenen und neuen Aufträge durch den Verfassungsgeber möchte ich eine Bemerkung machen, die vielleicht auf Widerspruch stoßen wird, meiner Meinung nach aber dennoch ausgesprochen werden muß: Hüten wir uns davor, nun ständig nach neuen Leitbildern zu suchen, unablässig von Reformen und Reorganisationen zu reden, alles Heil von neuen Institutionen zu erwarten. Die Einführung einer mittelfristigen Finanzplanung z. B. zwingt nicht dazu, die öffentliche Verwaltung grundlegend zu verändern oder die Ausbildung der Beamten total umzukrempeln. Ich sage das in Kenntnis der — unzweifelhaft verdienstvollen — Ausführungen, die Herbert Fischer-Menshausen über die „Mittelfristige Finanzplanung im Bundesstaat“ gemacht hat.

Sicherlich werfen Plan und Verfahren der mittelfristigen Finanzplanung methodische, organisatorische und personelle Fragen auf, die ihr besonderes Gewicht haben. Wenn in diesem Zusammenhang ein Wandel des Führungsstils und der Führungsmethoden gefordert und nach Planungsstäben gerufen wird, so ist das — in gewissem Umfange — begründet. Wenn dann aber der neue Typ des nunmehr benötigten Beamten dahin beschrieben wird, daß Verwaltungserfahrung, Routine und die Fähigkeit, behördliche Entscheidungen juristisch abzusichern, nicht mehr genügten, sondern ebenso wichtig seien geistige Beweglichkeit, Phantasie, Risikofreudigkeit und die Bereitschaft, ständig Anschluß an den wissenschaftlichen Fortschritt zu halten und über die Grenzen des eigenen Faches hinaus zu interdisziplinärer Arbeit vorzudringen, so muß ich sagen, daß dies die erheiterndste Lektüre war, der ich mich in den letzten Jahren widmen konnte.

Beziehen wir bei allen — in gewissem Umfange notwendigen — Bemühungen, reformatorisch tätig zu sein, das mag nun altväterlich klingen, jenes schon erwähnte „Gefühl für Rhythmik des Geschehens“ (W. Schmidt) mit ein? Sind uns die Wertordnungen — einschließlich der vorherrschenden — tatsächlich vertraut? Das bedeutet nicht, daß diese Fragen von einer Höhe herab, so gleichsam aus der Vogelschau, aus großen Weiten, angepackt werden. Es kommt im Gegenteil sehr auf das Arbeiten mit Sonde und Geigergerät an, d. h. auf eine praxisnahe Betrachtungsweise der Probleme. Eine solche Feststellung ist m. E. nicht rückschrittlich, sie verkennt nicht das, was inzwischen gewachsen ist und sich für die Zukunft bereits ankündigt. Sie will auch keine *notwendigen* Initiativen hindern. Sie berücksichtigt auch, daß nur eine gewisse Anzahl von Grundformen zur Verfügung steht, daß es auf ihre adäquate Modifizierung ankommt, um den jeweiligen Ansprüchen und wirklich deutlich gewordenen Strukturen der Realität gerecht zu werden. Im Laufe der Geschichte sind schon viele Modifizierungen durchgespielt, die man allerdings kennen muß, will man nicht Gefahr laufen, allzu unbeschwert das Panier des Neuerers zu tragen. Auch habe ich manchmal den Eindruck, daß die Beredsamkeit mancher Reformer kaum verbirgt, daß sie eigentlich wenig zu sagen haben.

Ein Beispiel mag verdeutlichen, was ich meine. Das Bundesverfassungsgericht hat in jener, Ihnen allen bekannten Entscheidung gesagt, das Beamtentum sei nach dem Willen des Grundgesetzes eine Institution, die, gegründet auf Sachwissen, fachliche Leistung und loyale Pflichterfüllung, eine stabile Verwaltung sichern und damit *einen ausgleichenden Faktor gegenüber den* das Staatsleben gestaltenden *politischen Kräften* darstellen soll.

Gustav Schmoller, der bekannte, im Jahre 1838 geborene Nationalökonom der jüngeren historischen Schule, hat vor mehr als sieben Jahrzehnten und unter völlig anderen politischen und gesellschaftlichen Gegebenheiten im Hinblick auf die liberale Auffassung, die das wirtschaftliche und gesellschaftliche Leben vom politischen, staatlichen Bereich glaubte trennen zu sollen und die vom freien Konkurrenzkampf der Individuen die Harmonie der materiellen Interessen erwartete, gesagt: Nein, den Gefahren der sozialen Zukunft kann nur durch ein Mittel die Spitze abgebrochen werden, dadurch, daß das ... Beamtentum, ... *diese einzig neutralen Elemente im sozialen Klassenkampf* ... entschlossen und sicher die Initiative ... ergreifen ...

Halten wir fest: Angesichts der modernen Industriegesellschaft der Mitte des 20. Jahrhunderts und unter der Ägide des Bonner Grundgesetzes wird vom Bundesverfassungsgericht eine wesentliche Aufgabe des Beamten darin gesehen, einen ausgleichenden Faktor gegenüber der fluktuierenden Dynamik des politischen Kräftespiels darzustellen. Und Schmoller sah im Kaiserreich und angesichts einer sich in den ersten

Anfängen abzeichnenden Industriegesellschaft im Beamtentum die „einzig neutralen Elemente im sozialen Klassenkampf".

II.

Diese einleitenden Bemerkungen rechtfertigen vielleicht meine Absicht, gleichsam ein Leitmotiv anklingen zu lassen, dem ich eine wesentliche Bedeutung zumesse und das alle weiteren Darlegungen durchziehen soll: Meiner Ansicht nach kommt es in entscheidendem Maße auf den Beamten selbst, auf seine Haltung, seine Pflichtauffassung, sein Wissen und Können, seine Stellung im Staat und in der Gesellschaft an. Was nützen letztlich alle organisatorischen, personalrechtlichen oder personalwirtschaftlichen Maßnahmen, wenn der Beamte kein funktionierendes Verhältnis zum Staat, zur Gesellschaft hat, und wenn umgekehrt die Bürger keine entsprechende Einstellung zum Beamten und seiner Aufgabe finden? Man kann sich, um auch hier ein Beispiel zu nennen, jahrelang über die sicherlich wichtige und im übrigen gar nicht leicht zu lösende Frage unterhalten, welche beruflichen Voraussetzungen z. B. ein sog. Landesplaner mit sich bringen muß und wie seine Laufbahn rechtlich zu gestalten ist. Ich erinnere mich an entsprechende Gespräche, die ich als ehemaliger Leiter einer für solche Fragen federführenden Abteilung eines Innenministeriums immer wieder zu führen hatte; sie bereiten mir gelegentlich immer noch Alpdrücken. Aber es ist doch wohl nicht entscheidend — wenn auch wichtig, was ich ausdrücklich betonen möchte —, ob und unter welchen Modifizierungen ein Volkswirt, ein Geologe, ein Landschaftsgärtner oder ein Jurist zum Beamten für dieses Gebiet ernannt wird, sondern *wie* dieser als Geologe, als Jurist usw. Vorgebildete, wenn er Beamter geworden ist, seinen Beruf versteht und vom Bürger verstanden wird. Es wird m. E. auch für die Zukunft von wesentlicher Bedeutung sein, daß die Angehörigen des öffentlichen Dienstes in klarer und überzeugender Weise die Idee eines guten, anspruchslosen, hinter ihrem Werk zurücktretenden Berufsbeamtentums verkörpern und dieser Idee auch dann, wenn sie wenig Anerkennung findet, dienen.

Damit sind wir bei der Frage angelangt, ob in der Industriegesellschaft von heute oder in der von morgen der Beamte, wie er in Deutschland gewachsen ist, noch eine echte und unverzichtbare Funktion zu erfüllen hat. In einer großen Tageszeitung war vor einigen Wochen — wieder einmal — zu lesen, daß Beamte Errungenschaften der Arbeitnehmer in Industrie und Gewerbe in die eigenen Scheuern fahren wollten, ohne die Vorteile des Beamtenstandes aufzugeben. Andererseits strebten Arbeiter und Angestellte immer mehr einen Zustand an, der ihnen beamtenähnliche Sicherheit bescheren soll — ein Prozeß, der von den Interessenvertretern kräftig vorangetrieben werde. „Wenn Beamte", und nun zitiere ich wörtlich, „ihre Unzufriedenheit mit ihrem sozialen Status äußern, dann ist die Frage sicherlich berechtigt, ob der Beamtenstatus auf die Dauer im bisherigen Umfange aufrechterhalten werden sollte. Die sich verändernde Wirklichkeit scheint die Idee vom traditionellen Beamtentum mehr und mehr auszuhöhlen."

Finden wir nun, wenn überhaupt, eine überzeugende Lösung des Problems in der Weise, daß wir von den Aufgaben, von den „neuen Anforderungen" ausgehen, die an die „Angehörigen des öffentlichen Dienstes" gestellt werden, und ohne Rücksicht auf Überlieferung, Erfahrung und Bewährung einen neuen Typ zu entwickeln versuchen? Oder sollen wir von tradierten Formen des Berufsbeamtentums ausgehen und ihre zeitgemäße Umformung anstreben?

Bei der Prüfung dieser Frage sollte man sich nicht hinter der Festung des Artikels 33 des Grundgesetzes verschanzen. Wenn ich auch kein Freund von der offenbar so geschätzten Praxis der dauernden Änderungen des Grundgesetzes bin, so übersehe ich nicht, daß Verfassungsnormen von einer stürmisch voranschreitenden Gesellschaft überholt und damit ausgehöhlt werden können.

Wir werden im Berufsbeamtentum kaum noch den „allgemeinen Stand" im Sinne Hegels sehen, eine Auffassung, die zur Voraussetzung hat, daß Staat und Gesellschaft als zwei sich gegenüberstehende Größen verstanden werden. Von dieser Konzeption ging auch Werner Weber aus, als er das Berufsbeamtentum den „Kristallisationskern unserer Staatlichkeit" nannte. Darin kommt zum Ausdruck, daß dem Beamtentum eine bestimmte Standesverantwortung auferlegt ist, es eine, ja sogar die staatstragende Schicht darstellt. Diese Meinung findet immer weniger Anhänger. Unter Hinweis darauf, daß die Demokratie den Staat vergesellschaftet habe, werden Zweifel geäußert, ob das Beamtentum wirklich „inmitten der zerrenden Kräfte der innenpolitischen Machtkonkurrenz das Gerüst" liefere, ohne das der Staat nicht bestehen könnte. Der Entwicklung, der der Staat in einer parlamentarischen Demokratie unterworfen ist, kann sich nach Meinung derer, die hier zu neuen Begriffsvorstellungen drängen, auch das Beamtentum nicht entziehen. Badura hat das dahin formliert, daß das Berufsbeamtentum durch die Demokratisierung des politischen Prozesses — ebenfalls, d. h. wie der Staat selbst — aus einem Status in eine Funktion verwandelt worden sei. Aber auch die Vertreter dieser Thesen leugnen nicht, daß die Demokratie, daß die Industriegesellschaft, daß der Wohlfahrtsstaat das — tradierte — Berufsbeamtentum nicht nur brauche, sondern auf diese Einrichtung geradezu „angewiesen" sei, „weil es" — ich zitiere noch einmal Badura — „durch seine institutionell gesicherte Distanz und

Neutralität gegenüber dem politischen Kräftespiel eine stabile, unparteiische und gesetzestreue Verwaltung zu gewährleisten vermag".

Bestritten wird einem so verstandenen Beamtentum die Funktion des ausgleichenden Faktors gegenüber den das Staatsleben gestaltenden politischen Kräften. Ist das aber nicht nur ein Spiel mit Worten? Hat eine stabil, unparteiisch und gesetzestreu arbeitende Verwaltung nicht durch ihr Sosein eine ausgleichende Wirkung im pluralistischen Kräftespiel? Und sagt nicht deshalb das Bundesverfassungsgericht, daß ein auf Sachwissen, fachliche Leistung und loyale Pflichterfüllung gestütztes Beamtentum eine stabile Verwaltung sichern und *damit* einen ausgleichenden Faktor darstellen soll?

Zutreffend ist es m. E., daß das Berufsbeamtentum nicht zu „legitimen Gegenspielern des Parteienstaates" gezählt werden darf. Eine solche Position kommt ihm nicht zu, selbst dann nicht, wenn man seine Rolle als unentbehrlich bezeichnet. Es hat also keine „politisch-selbständige Funktion" in der parlamentarischen Demokratie zu erfüllen, und insoweit kann es auch, wie Hans Huber sagt, nicht „in machtmäßiger Abschließung vom Volk eine eigene und dauernde Herrschaftsstruktur bilden". Dennoch scheint es im übrigen, soweit ich sehe, als eine Institution angesehen zu werden, auf die nicht verzichtet werden kann. Man mag sich damit begnügen, dem Beamtentum nur eine „Funktion" einräumen zu wollen. Diese Funktion ist zwar keine „politisch-selbständige", aber wohl dennoch eine spezifische insofern, als das Beamtentum primär gemeinschaftsbezogen arbeitet und dabei ohne eine gewisse Anlehnung an den Staat nicht auskommt. Es ist, so verstanden, weder *der* staatstragende Stand noch eine Gruppe von Arbeitnehmern, deren alleinige Richtschnur das Wohl eines bestimmten Betriebes ist.

III.

Einigkeit herrscht darüber, daß der Wohlfahrtsstaat am wirkungsvollsten in der Form des sog. Verwaltungsstaates realisiert werden kann, d. h. daß seine Zwecke nur dadurch erreicht werden können, daß die Bedürfnisse des wirtschaftlichen, kulturellen und sozialen Lebens aufbereitet werden, und daß dies durch eine Verwaltungsapparatur geschieht, die ausreichend umfangreich und — mangels eines besseren Schemas, das sich, wovon noch zu sprechen sein wird, im Zuge der Automation ändern kann — bürokratisch organisiert ist. Dem Bürger stehen zwar viele Grundrechte zur Seite; er ist aber dennoch darauf angewiesen, daß Leistungen von der öffentlichen Verwaltung erbracht werden. Je komplizierter nämlich die Industriegesellschaft wird, desto abhängiger, sozialbedürftiger wird der Mensch. Dadurch, daß der soziale Rechtsstaat neue Staatsziele und Verwaltungszwecke gesetzt hat, hat die Verwaltung neue Funktionen der Gesellschaft gegenüber zu erfüllen, bestimmte Aufgaben haben ihre dominierende Wirkung verloren, andere haben an Gewicht gewonnen. „Das Polizeirecht als die charakteristische Materie des liberalen Verwaltungsrechts ist durch das Planungsrecht, das Wirtschaftsverwaltungsrecht, das Sozialrecht und das Kulturverwaltungsrecht als den charakteristischen Materien des sozialen Rechtsstaates verdrängt worden“ (Badura). Zu der ordnungsbewahrenden Funktion der Verwaltung ist die Sozialgestaltungsfunktion hinzugetreten, eine Entwicklung, die es z. B. nicht mehr erlaubt, das Beamtentum lediglich dort ansiedeln zu wollen, wo es um hoheitliche Funktionen im überlieferten Sinne geht. Wenn diese Erkenntnis beim Gesetzgeber genügend Berücksichtigung finden würde, könnte z. B. auch das leidige Problem „Beamte — Angestellte“ im öffentlichen Dienst wahrscheinlich einer befriedigenden Lösung entgegengeführt werden.

Der Verwaltung sind durch den Sozialstaat nicht nur neue Aufgaben zugewachsen, sie hat auch einen Machtzuwachs zu verzeichnen. Das mag verwunderlich erscheinen, wenn man an einen zweiten Vorgang der modernen Industriegesellschaft denkt, an die Machtübertragung vom Staat auf gesellschaftliche Gruppen. Erinnert sei z. B. an die in der sog. konzertierten Aktion angelegten Vergesellschaftung staatlichen Handelns. Im Rahmen ihrer Mitwirkung in der konzertierten Aktion, mit der die Vorstellung einer Trennung von Staat und Gesellschaft aufgegeben ist, sollen Verbände öffentliche Funktionen erfüllen, und zwar derart, daß sie im öffentlichen Bereich Lenkungsfunktionen erhalten. Trotz dieser Entwicklung besteht ein gegenläufiger Vorgang, der sich darin dokumentiert, daß die Verwaltung neue Räume gewonnen hat, wo sie im Rahmen des „gestaltenden Ermessens“ tätig werden muß oder wo sie z. B. selber zum Hersteller, Händler und Verteiler wird. Hier wird die Verwaltung nicht in einer Weise tätig, die durch obrigkeitliche Autorität geprägt wird. Neue Wege müssen beschritten werden, um sich mit dem Bürger oder diese untereinander zu „arrangieren“. Für die Angehörigen des öffentlichen Dienstes bedeutet dies, jedem Bürger „innerhalb der gesetzlichen Schranken die möglichst freie Entwicklung und Anwendung seiner Anlagen, Fähigkeiten und Kräfte ... zu gestatten, und alle dagegen obwaltenden Hindernisse baldmöglichst auf eine legale Weise hinwegzuräumen“. Diese Formulierung ist nicht im Hinblick auf die Aufgaben, die der Beamte heute im sozialen Rechtsstaat zu bewältigen hat, gefunden; sie ist in § 7 der Instruktion zur Geschäftsordnung der Preußischen Regierungen vom 23. 10. 1817 enthalten!

Alte, aber tatsächlich überholte Vorstellungen halten sich gelegentlich auch dort, wo das nicht von vornherein zu vermuten ist, nämlich bei der jüngeren Generation. Ein Beispiel: In den Bezirksregierungen haben die Wirtschaftsabteilungen eine immer noch wachsende Bedeutung erlangt. Das hängt damit zusammen, daß steigende staatliche Zuwendungen an Unternehmen der Erwerbswirtschaft gezahlt werden. Die Wirtschaftssubventionen werfen nun eine Fülle von verwaltungsrechtlichen und verfahrensrechtlichen Fragen auf. Noch kaum beschriebene Gebiete wie das Wirtschaftsverwaltungsrecht erfahren hier ihre Gestaltung durch den Praktiker. Der „Wirtschaftsdezernent" ist nicht nur vor eine Vielzahl rechtlich neuer und schwieriger Fragen gestellt; durch seine Hände fließt auch ein beachtlicher Geldstrom, dessen Richtung er mitbeeinflußt. Dennoch: In Unkenntnis dieser Situation drängt der junge Beamte häufig erst einmal in das sog. klassische Dezernat, etwa das des Polizeidezernenten.

Es ist damit zu rechnen, daß in der Industriegesellschaft, einschließlich der auf das Prinzip des freien Wettbewerbs pochenden, den Wirtschaftssubventionen eine steigende Bedeutung zukommt. Das erfordert für viele im öffentlichen Dienst Tätige — in den Kreisverwaltungen und in den Verwaltungen der Städte, in allen Instanzen der Staatsverwaltung, aber auch bei den Richtern der Zivil- und Verwaltungsgerichtsbarkeit — eine intensivere wirtschaftsrechtliche Betrachtungsweise und eine Vervollkommnung der hier noch in den Anfängen steckenden, aber dringend erforderlichen Begriffsbildung. Es ist allgemein bekannt, welche Milliardenbeträge als Landwirtschaftssubventionen gezahlt werden oder als Staatshilfen für den Mittelstand, im Rahmen der regionalen Wirtschaftsförderung, in der Form von Industriesubventionen oder zur Subventionierung der Verkehrswirtschaft usw. Es gibt aber kaum einen Begriff, der so umstritten ist, wie der der Subvention. Weder steht der in den Subventionsbegriff einzubeziehende Kreis der Empfänger fest noch die instrumentelle Form der Subvention, die in der Zahlung von Haushaltsmitteln bestehen kann, aber auch in jeder Art von öffentlicher finanzieller Begünstigung, wie sie z. B. eine Steuerpräferenz darstellt. Da viele Wirtschaftshilfen gesetzesfrei gewährt werden, tut sich hier für die Verwaltung ein ebenso weites wie rechtlich schwieriges Feld auf. Diese Fragen spielen auch eine große Rolle im europäischen Gemeinschaftsrecht, das ja das Wirtschaftsrecht der Einzelstaaten immer mehr beeinflussen wird.

Es ist noch nicht in ausreichendem Maße erkannt — und deshalb konnte weder die Aus- noch die Fortbildung der Angehörigen des öffentlichen Dienstes darauf genügend ein- oder gar ausgerichtet werden —, daß die Vielzahl der im Interesse regionaler Wirtschaftsförderung oder raumordnungspolitischer Beeinflussung von Sachbereichen empfohlenen Maßnahmen nach überholten Rezepten durchgeführt werden sollen. Neue methodische Rezepte, wie sie hier benötigt werden, haben z. B. Arnold Köttgen mit seiner Untersuchung über die „Fondsverwaltung in der Bundesrepublik“ und Volkmar Götz mit seiner Habilitationsarbeit über das „Recht der Wirtschaftssubventionen“ geschrieben. Arbeiten dieser Art erhärten meine zu Anfang gemachte Feststellung, daß es nicht weiterhilft, aus einer Praxisferne oder von sog. hoher Warte nach neuen Leitbildern zu rufen, allgemeine Thesen aufzustellen, Reformen — möglichst in feierlichem Rahmen — zu fordern oder sich an Baukastenspielen zu ergötzen. Das, was sich in der Praxis darstellt, etwa das Tätigwerden des Staates in unserer Gesellschaft als Unternehmenswirtschaft, muß erkannt, interpretiert und dann begrifflich eingeordnet sowie formuliert werden. Dem Juristen erwächst hier eine wichtige Aufgabe. Er sollte bei seinem Tun um den Wert der Stille und des natürlichen, langsamen Wachsens wissen und sich unruhiger Geschäftigkeit enthalten. Andererseits muß gerade der Staats- und Verwaltungsrechtler eine gewisse Zurückhaltung aufgeben, wenn es darum geht, wirtschafts- und finanzwissenschaftliche Erkenntnisse in entsprechende Formulierungen und Begriffsbildungen, in die Terminologie des Verwaltungsrechts z.B. umzuschmelzen. Er ist dann nicht nur legitimiert, sondern in besonderem Maße befähigt, Legislative und Exekutive ein entsprechendes Instrumentarium zu erarbeiten und bereitzuhalten.

IV.

Dieser zuletzt aufgezeigte Gesichtspunkt sollte auch dazu beitragen, sorgfältiger, als das häufig zu geschehen pflegt, zu überlegen, ob Thesen wie „Nicht nur Juristen für die Verwaltung“, „Wider das Juristenmonopol“, „Der lästige Jurist“ im Vokabularium politischer Sonntagsredner, Journalisten und Referenten bei Tagungen usw. einen Dauerplatz einnehmen müssen. Ob das sog. Juristenmonopol einmal bestanden hat, ist uninteressant; heute ist es jedenfalls nicht nachweisbar. Wenn sich im letzten Jahre für den höheren Dienst im Auswärtigen Amt 123 Bewerber gemeldet haben und wenn unter diesen 76 Juristen und nur 9 Volkswirte zu verzeichnen gewesen sind, so ist das kein — erneuter — Beweis dafür, daß die Stellen im diplomatischen Dienst Juristen vorbehalten sind, sondern es kommt eine simple Tatsache in sehr beredter Weise zum Ausdruck: Angesichts der Besoldung haben die Volkswirte gar kein Interesse daran, sich hier vorrangig zu bewerben. Sie können in der Wirtschaft mit besseren Anfangsgehältern rechnen. Diese Erfahrung haben wir — in Bund und Ländern — auch machen müssen, als die sog. Wirtschaftsreferendare eingeführt wurden. Weshalb spricht man das nicht nüchtern und ungeschminkt aus, sondern umgibt diese Fakten immer wieder mit dem Nebel ideologischer

Phrasen? Daß Juristen in besonderem Maße dazu erzogen sind, sich relativ schnell in die Gedankengänge anderer Disziplinen hineinzufinden, die Ganzheit des Vorgangs zu erfassen, und dann eine koordinierende Funktion zu erfüllen vermögen, qualifiziert sie nach wie vor in besonderem Maße für die Verwaltung. Ihre Eignung für Führungspositionen können ihnen die Kritiker des Juristenmonopols zwar bestreiten. Wie erklären es sich diese Kämpfer gegen die „administrativen Dilettanten" aber, daß eine große Anzahl von Vorstandsmitgliedern von Industrieunternehmen Juristen bzw. ehemalige Verwaltungsbeamte sind, und daß sie in diesen Positionen beachtliche Erfolge zu verbuchen haben?

Zwei Feststellungen dürfen hier noch getroffen werden. Schon seit geraumer Zeit sind Ärzte, Landwirte, Volkswirte, Techniker und weitere sog. Spezialisten im öffentlichen Dienst tätig und sind aus vielen Stellen — als Fachberater — auch nicht mehr wegzudenken. Andererseits weiß ich nicht, ob es im Interesse von Verwaltung und Bürger nützlich ist, z. B. die Stelle des Leiters einer Landwirtschaftsabteilung — in den Ministerien oder den Bezirksregierungen — mit einem Landwirt oder die einer Schulabteilung mit einem Pädagogen zu besetzen. Außerdem: Je mehr sog. Spezialisten eingestellt werden, desto größer wird die Notwendigkeit der Koordinierung und damit hat sich, wie Günther Gillessen es unlängst formulierte, „die Bedeutung der juristischen „Generalisten" in der öffentlichen Verwaltung aufs neue verstärkt".

Zweitens: Wir wissen, daß Höhe des finanziellen Einsatzes und Umfang des Verwaltungsaufwandes bei den *gewährenden* Aufgaben der Verwaltung inzwischen größer sind als bei den Ordnungsaufgaben des Staates. Es war bereits darauf hingewiesen, welche Rolle etwa die Subventionen in der Verwaltung spielen, d. h. daß sich neben den Gesetzesvollzug im überlieferten Sinne große Aufgabengruppen angesiedelt haben, die nicht Gesetzesvollzug sind. Zur Bewältigung dieser neuen Bereiche (Wohnungsbau, Städtesanierung, Verkehrssicherheit, Raumordnung usw.) muß der Verwaltungsbeamte entsprechend vorbereitet und fortgebildet werden. Sein Kernbereich braucht deshalb nicht umgestaltet zu werden. Das gilt auch für den in der Verwaltung tätigen Juristen, der Fragen aus anderen Gebieten mindestens so weit überblicken muß, daß er sie mit den übrigen verwaltungsmäßigen und finanziellen Gegebenheiten der Gesamtverwaltung in Übereinstimmung bringen kann. Vorschläge, wie diese Ziele erreicht werden können, sind zur Genüge gemacht. Ich erinnere nur an das von der sog. Loschelder-Kommission erarbeitete Gutachten über die juristische Ausbildung unter besonderer Berücksichtigung der Interessen der Verwaltung. Der Bund und einige Länder stellen entsprechende Überlegungen an und haben bereits mit ersten Versuchen, die die Aus- und die Fortbildung der Verwaltungsbeamten betreffen, begonnen. Wenn sich dabei, durch den Föderalismus bedingt, ein buntscheckiges Bild abzeichnet, so braucht das kein Nachteil zu sein. Die Reformbestrebungen dürfen allerdings nicht das Schicksal erleiden, das denen auf dem Gebiet der Bildungspolitik beschieden ist. Eine außerparlamentarische Opposition in den Reihen junger Inspektoren oder Assessoren wäre wohl kaum mit den hergebrachten Grundsätzen des Berufsbeamtentums in Übereinstimmung zu bringen.

Neue Anforderungen werden an die Angehörigen des öffentlichen Dienstes auch dadurch herangetragen werden, daß sich durch Planung und Automation in der *Qualität* Wandlungen der Verwaltung abzeichnen. Niklas Luhmann hat in einer Untersuchung über die „Automation in der öffentlichen Verwaltung" mit Recht darauf hingewiesen, daß mit der Automatisierung eine Umstellung des Denkens verbunden sei, die Organisation und Entscheidungsprozeß stärker als bisher zusammenfasse. Früher hätte man Organisation unter dem Gesichtspunkt von Arbeitsteilung betrieben, Ämter geschaffen, also vom Stellenbegriff her Organisation betrieben, weshalb denn auch die Organisationsgewalt auf die Exekutive delegiert worden sei. Organisation in der bisher bekannten Weise sei nur äußerer Arbeitsrahmen gewesen und habe mit der Richtigkeit des Entscheidens nichts zu tun gehabt. In Zukunft könne Organisation nicht mehr für sich aufgebaut werden, eben wegen des Zusammenhangs mit dem Entscheidungsprozeß. So ließen sich weitere Punkte aufzeigen, etwa der, daß der einzelne Arbeitsablauf stärker durchorganisiert wird. Wer also hofft, von dem sog. Mitzeichnungsverfahren in dem Sinne befreit zu werden, daß der Kommunikationsprozeß einfacher und kurzgeschlossen werden würde, wird enttäuscht werden, weil „mit der Automation sehr viel längere Entscheidungsketten aufgebaut (werden), weil der Arbeitsgang sehr viel stärker differenziert ist und weil die Zeitordnung sehr viel wichtiger wird" (Luhmann). Auf alle Fälle muß der Verwaltungsbeamte an Probleme dieser Art herangeführt werden. Das ist nicht nur deshalb notwendig, weil seine Tätigkeit sich in zunehmender Weise in dieser Richtung entwickeln wird, sondern weil sich hier mit der Zeit auch Umschichtungsprozesse vollziehen werden, die z. B. die Stellung des Vorgesetzten, ja, die bürokratische bzw. hierarchische Konzeption überhaupt verändern könnten.

Auch im Bereich der Raumordnung und Landesplanung stehen wir erst am Anfang. Einige Grunderkenntnisse sind gewonnen, so etwa die vom unterschiedlichen Charakter von Planungs- und Verwaltungsräumen. Bei den Arbeiten um die Gebietsreformen, die überall in der Bundesrepublik angelaufen sind, sahen wir uns ziemlich unvorbereitet und im Grunde ein wenig hilflos mit den Schwierigkeiten konfrontiert, die sich daraus ergeben, daß Planungs- und Verwaltungsräume nur selten zu einer Kongruenz zu bringen sind. Hier, d. h. gerade an diesem Beispiel zeigt sich auch, daß die herkömmliche Verwaltungsstruktur für die Durchführung aller Aufgaben der Raumordnung und die Erreichung der von ihr gesteckten Ziele wahrscheinlich nicht mehr ausreicht. Aber nicht nur für die Verwaltungsstrukturen ergeben sich Konsequenzen. Auch der Angehörige des öffentlichen Dienstes wird sich darauf einstellen müssen, raumwirksame Maßnahmen vorzubereiten und zu koordinieren. Er muß sich also mit Maßnahmen befassen, die die Entwicklung des Landes oder sonstiger größerer Gebiete in sozialer, kultureller und wirtschaftlicher Hinsicht beeinflussen. Das bedeutet insofern eine Änderung der Arbeitsweise, als der in der Verwaltung Tätige nicht mehr ausschließlich, nicht einmal mehr überwiegend von konstanten Faktoren ausgehen kann, sondern erst Analysen anzustellen und Untersuchungen durchzuführen hat, um Sachverhalte zu erforschen. Diese neuen Arbeitsweisen werden natürlich das Bild des Berufsbeamten, wie er sich in der Zukunft darstellen wird, mitbestimmen, zwingen m. E. aber unter keinen Umständen dazu, nun sofort nach einem neuen Typ des Beamten oder des im öffentlichen Dienst Tätigen zu rufen.

Damit sind wir im übrigen bei der Frage angelangt, welche Aufgabe der Planung in unserer Verwaltung zukommt. Sie zu beantworten, ist nicht Gegenstand meines Themas. Nur zwei Fakten sollen aufgezeigt werden, weil sie Rückschlüsse zulassen, welche Anforderungen auf die Angehörigen des öffentlichen Dienstes zukommen. Die durch die moderne Technik bewirkte Motorisierung hat insofern als Schrittmacher Gewicht, als — ich zitiere Arnold Köttgen — „auf immer zahlreicher werdenden Sachgebieten ... die, obwohl herkömmlich statisch strukturierte Verwaltung zu laufender Anpassung an schnell wechselnde Aggregatzustände von Wirtschaft und Gesellschaft genötigt (ist) ... Dieser Mobilisierung gleichwertig ist das andere Faktum einer sich offenbar immer steigernden Interdependenz im Verhältnis auch solcher Sachverhalte, zwischen denen bis vor nicht langer Zeit jegliche legitime Abhängigkeiten bestritten wurden.“ Für den Verwaltungsbeamten bedeutet dies eine zunehmende Verstrickung in verschiedene Prozesse. Dabei hat er nicht nur zu reagieren, sondern zu agieren, und zwar derart, daß geplant, d. h. ein Konzept erarbeitet und dieses dann in die Wirklichkeit umgesetzt wird. Das geschieht übrigens meistens nicht mit obrigkeitlichen Mitteln, sondern z. B. durch Subventionen, d. h. durch administrative Leistungen, die „zum Anreiz plankonformen Verhaltens“ werden sollen.

Bevor sich nun in der Verwaltung Organisationsänderungen größeren Ausmaßes vollziehen lassen, ist es angesichts ihrer bereits erkennbaren

Umstrukturierung erwägenswert, was schon getan werden kann. Gehen wir von der Tatsache aus, daß die Verwaltung sich nicht mehr auf ihren herkömmlichen Bezirk beschränkt, sondern am wirtschaftlichen Produktions- und Verteilungsprozeß teilnimmt, so kann z. B. das bürokratische System, das zur Zeit noch nicht auswechselbar ist und dessen besonderer Wert in der selbständigen Entscheidungsbefugnis und der alleinigen Verantwortlichkeit des einzelnen besteht, in der Praxis flexibel gestaltet werden. Das kann in der Weise geschehen, daß der Behördenchef bei bestimmten Anlässen eine Gruppe von Mitarbeitern zu sich ruft, die aus verschiedenen Abteilungen der Behörde kommen und auch durchaus unterschiedliche Ränge bekleiden können. Wenn es etwa darum geht, Maßnahmen zu überlegen, die eingeleitet werden müssen, weil ein Industriewerk angesiedelt werden soll, so sollte sich der Behördenchef eine Gruppe von Mitarbeitern zusammenholen, die aussagekräftig sind für wirtschaftliche Probleme, aber auch für Schienen- und Wasserwege, für den Straßen- und Wohnungsbau, für die Landesplanung, für die Schulen, für alle Maßnahmen, die mit der sog. Infrastruktur zusammenhängen. Diese Gruppe kann einmal oder häufiger zusammentreten. Sie kann auch im Hinblick auf Daueraufgaben zusammengestellt werden. Quer durch die Abteilungen kommt es so zur Aufstellung von *Funktionskreisen* — diese Formulierung verdanke ich dem General Manager Werner Dube von der Firma General Electric —, die unterschiedlich und jeweils im Hinblick auf die Aufgabe festgelegt werden und sich somit in wechselnden Dimensionen und Abgrenzungen durch die Behörde ziehen. Wenn Raumordnung ihrem Wesen nach Koordinierung zwischen verschiedenen Aufgabenträgern ist, so ist mit diesen Funktionskreisen ein Instrument geschaffen, durch das herkömmliches Zuständigkeitsdenken, das sich angesichts der neuen Aufgaben nachteilig auswirken kann, abgemildert wird. Pläne werden gemeinsam erarbeitet und frühzeitig genug zwischen denen, die irgendwann einmal damit befaßt werden, abgestimmt.

Maßnahmen, die die hierfür notwendige Dispositionsfreiheit des Behördenchefs unmittelbar oder mittelbar einschränken, sollten tunlichst vermieden werden. Nachteilig hat sich in dieser Beziehung die sog. Dienstpostenbewertung ausgewirkt, die zu einer Immobilität und einer Verhärtung des Status quo insoweit führt, als notwendige Umbesetzungen kaum noch oder nur unter sehr erschwerten Umständen durchgeführt werden können.

V.

Abschließend sei es erlaubt, über eine Gefahr, die in der Literatur schon aufgezeigt ist, zu sprechen, weil ich meine, daß ihr noch nicht die gebührende Beachtung zugemessen wird. Gemeint ist das Entstehen reiner Technokraten. Fischer-Menshausen erwartet von den von ihm propagierten Stäben fachliche Präzisionsarbeit, „die unbeeinflußt von emotionalen Engagements oder politischen Wertvorstellungen sich an rationalen, sachbezogenen Maßstäben orientiert und damit zur Entideologisierung der Regierungspolitik beiträgt". Thesen dieser Art gehen davon aus, daß es den Nur-Fachmann ebenso wie den unabhängigen Sachverständigen gibt und sie die eigentlichen, unentbehrlichen Helfer im öffentlichen Dienst sind. Mir erscheint das außerordentlich zweifelhaft. Wer längere Zeit in einem Ministerium gearbeitet hat, kennt die bei manchen politischen Chefs vorhandene Neigung, angesichts bestimmter Probleme sich nicht nur auf die Voten der für ihre Ausarbeitung vorhandenen und auch bezahlten Ministerialbeamten zu stützen, sondern Dritte — Professoren, Direktoren — um ein Gutachten zu ersuchen, um auf diese Weise eine „Objektivierung" zu erreichen, die die Realisierung der eigenen Konzeption schneller und reibungsloser ermöglichen soll. Aber in Wahrheit hat sich doch immer wieder die Richtigkeit des Satzes erwiesen, daß politische Entscheidungen sich nicht neutralisieren lassen. Wo der Minister zurückweicht, faßt der ebenfalls wertbezogen arbeitende Sachverständige Fuß, und ehe wir uns versehen, ist es zu einer Vermischung von Beraterfunktion und politischer Entscheidungsfunktion gekommen.

Sehr gründliche Untersuchungen, die im Rahmen der überall feststellbaren Bemühungen um Gebiets- und Verwaltungsreformen angestellt werden, führen zu Empfehlungen, man möge eine Reihe von Sonderbehörden der staatlichen Mittelinstanz einverleiben oder man möge die Einheit der Verwaltung auf der Kreisstufe herstellen. Und daß der Staat noch nicht darauf verzichtet hat, sich in der Form einer staatlichen Mittelinstanz darzustellen, ist mit Recht dahin gedeutet worden, daß ein anderes Verhalten als ein Rückzug „auf die Inseln der Fachverwaltung" hätte angesehen werden müssen. Die Struktur der Industriegesellschaft zwingt also keineswegs dazu, die Verwaltung in zunehmendem Maße in Fachverwaltungen aufzulösen. Deshalb könnte den Angehörigen des öffentlichen Dienstes nichts Schlimmeres passieren, als daß sie sich als reine Technokraten begreifen lernten, die scheinbar nur an Sachgesetzlichkeiten orientiert sind. Eine neue extreme Position wäre damit bezogen. Während die Beamten früher als staatstragender Stand verstanden wurden, würde ihre Entwicklung zum reinen Technokraten ihre Ausklammerung aus dem politischen Integrationsprozeß überhaupt bedeuten. Es geht primär doch gar nicht darum, daß Techniker, Mediziner, Volkswirte und andere Experten in der Verwaltung tätig sind, wie sie hier eingebaut werden und welches Laufbahnrecht usw. geschneidert werden muß, um sie zu einer wirkungsvollen Entfaltung, die allerdings nicht auf Kosten anderer gehen sollte, zu bringen. Eine moderne Verwaltung kann auf diese „Spezialisten" nicht verzichten. Worum es letztlich geht, ist doch wohl die Frage, wieweit dieser Prozeß betrieben werden kann, wenn Verwaltung im hergebrachten Sinne beibehalten und nicht lediglich eine Anhäufung von Verwaltungsabläufen eingetauscht werden soll. Mögen sich für die Verwaltung und für die in ihr Tätigen aus der Industriegesellschaft bestimmte, neue Anforderungen ergeben, so ist für mich öffentliche Verwaltung nach wie vor mehr „als eine jener sozialen Techniken, die der Mensch von heute auf immer zahlreicher werdenden Gebieten existenziell benötigt" (Köttgen).

Weil aber Verwaltung mehr als ein Betrieb unter Betrieben ist, scheint mir das Berufsbeamtentum in der überlieferten Art immer noch die überzeugendste Alternative zu dem administrativen Fachmann zu sein. Dem fachlichen Engagement sollte keine zu große Bedeutung beigemessen werden. Andererseits muß der Beamte, und davon ist der Jurist nicht ausgenommen, sich ständig fortbilden. Bund und Länder haben in dieser Hinsicht schon beachtliche, aber vielleicht noch nicht ausreichende Anstrengungen gemacht. Welche verschiedenartigen Wege beschritten werden können, hat Hans Friedrich Lorenz in seiner Schrift „Moderne Verwaltung durch Fortbildung des Behördenpersonals" dargestellt.

Ohne deshalb auf weitere Einzelheiten eingehen zu wollen, möchte ich eine Möglichkeit erwähnen, die leider kaum irgendwo in die Erwägungen einbezogen wird: Zwischen den staatlichen Behörden, aber auch zwischen staatlichen und kommunalen Behörden sollte nicht zuletzt im Hinblick auf den Druck steigender Interdependenzen verselbständigter Sachgebiete ein Austausch von Beamten erfolgen. Die leider schon bestehenden Gräben vertiefen sich sonst weiter, und die Gefahr, unterschiedliche Sprachen zu sprechen und sich nicht mehr richtig zu verstehen, nimmt zu. Eine solche Entwicklung geht sowohl auf Kosten der Verwaltung und ihrer Angehörigen als auch des Bürgers. Hier liegen Gefahren, die groß sind. Das scheint mir dagegen nicht der Fall zu sein, wenn ich lese, daß der Pressechef eines Bundesministers auf eigenen Wunsch das Ministerium verläßt, weil ein Antrag, ihn in das Beamtenverhältnis zu übernehmen, abgelehnt wurde. Schon der sachlich z. T. unrichtige — einzige — Satz, der zur Begründung gegeben wurde — „Der aus Berufsbeamten zusammengesetzte sogenannte unabhängige Bundespersonalausschuß, der in politischen Kreisen für seine Vorbehalte gegenüber der Aufnahme sogenannter Outsider in das Beamtenverhältnis bekannt ist, hat den Antrag nicht im Sinne des Ministers beschieden" — zeigt in seiner polemischen Zuspitzung die Absicht, vorschnell Verketzerungen vorzunehmen. Die Laufbahnvorschriften und ihre Praktizierung reichen z. Z. aus, um die Angehörigen für die Verwaltung zu gewinnen bzw. zu erhalten, die sie auch angesichts neuer auf sie zukommender Aufgaben benötigt. Das gilt auch für die Tätigkeit von Personalausschüssen und ähnlichen Institutionen, die sogar dann, wenn sich Laufbahnvorschriften als nicht mehr ausreichend erwiesen, mutige Schrittmachertätigkeit geleistet haben. Abweichungen sollten indes vermieden werden. Ich bekenne mich nach wie vor zu dem Typ des Beamten, der weder als Spezialist erzogen ist noch als Technokrat tätig wird, der sich vielmehr auf ein breites Fachwissen stützt und weiß, daß er eine besondere Funktion im Leben der Gemeinschaft zu erfüllen hat, zu dessen Pflichten auch Mut und Initiative gehören, aber beides nicht im eigenen Interesse, sondern in dem der Gemeinschaft.

Auszug aus dem Schlußwort

Von Erich Becker

Unter Berücksichtigung der Planung dieser staatswissenschaftlichen Fortbildungstagung sowie unter Beachtung der Referate und Diskussionen zu den ausgewählten Sonderproblemen sind einige Gesichtspunkte hervorzuheben, die von besonderem Interesse sein können.

Die Eigenart des Gesamtthemas „Funktionsgerechte Verwaltung im Wandel der Industriegesellschaft" kommt erstens in den stetigen Veränderungen des Inhalts der Funktionsgemäßheit und der gesellschaftlichen Bedürfnisse zum Ausdruck, die unser Anliegen im Laufe der jüngsten Verwaltungsgeschichte kennzeichnen. Die Formulierung charakterisiert aber auch zweitens Überlagerungen der Verwaltungssprache, die das allgemeine Verständnis erschweren, gleichwohl aber rezipiert worden sind. Wir fragen nach den Ursachen, Problemen und Gegenständen der öffentlichen Verwaltung sowie nach Verlagerungen und Veränderungen des Arbeitsablaufs einer in Wandlung befindlichen öffentlichen Verwaltung im Wandel der Industriegesellschaft, um die neuen Anforderungen an die Angehörigen des öffentlichen Dienstes ermitteln zu können. — Der Wandel der speziellen Industriegesellschaft, also einer Gesellschaft, die vorwiegend an der Industriewirtschaft orientiert ist, zu einer allgemeinen und pluralistischen Leistungsgesellschaft wird bereits vielfach hervorgehoben, allerdings auf der Grundlage der Industriegesellschaft, aber doch mit Schwerpunktverlagerungen zu einer allgemeinen Leistungsgesellschaft hin. Als ein besonderes Merkmal wird dabei die Tendenz zur Funktionsgesellschaft angesehen. Die Übertragung des Funktionsbegriffs aus fremden Sprachen (z. B. Latein, Französisch, Englisch) und seine Übernahme aus verwaltungsfremden Disziplinen recht verschiedener Art (z. B. den Naturwissenschaften, der Technik, der Medizin, den Sozial- und Wirtschaftswissenschaften) hat zu einer vielseitigen Verwendung der Bezeichnung geführt, die oft irreführende Vorstellungen auslöst oder zumindest diesen Begriff so vielseitig verwendbar gemacht hat, daß wir uns eigentlich jeweils darauf besinnen müssen, was gemeint ist. Man kann sagen, daß am häufigsten die Identifizierung von Funktionen und Aufgaben stattfindet, was ausländischem Sprachdenken entspricht, aber keineswegs bei uns selbstverständlich ist und auch nicht selbstverständlich sein muß. So dürfte unter „Funktionalreform" überwiegend eine Aufgabenordnung verstanden werden. Oder man spricht von der Funktion der Verwaltung bzw. einer Verwaltungsbehörde, was mit der Lehre von den Staatsfunktionen im Sinne einer Gewaltentrennung zusammenhängt. Man meint aber auch den Anteil eines Mitarbeiters an der Aufgabenerfüllung, was betriebswirtschaftlichen Vorstellungen nahekommt. In der Organisationslehre hat Nordsiek die Funktion als „verantwortliche Teilnahme eines Trägers an der Erfüllung einer Aufgabe bzw. an ihrer Verknüpfung mit anderen Aufgaben" bezeichnet und damit eine betriebswirtschaftliche Bedeutung des Funktionsbegriffes erkennen lassen. In der arbeitsteiligen Verwaltung der Beamten könnte man etwa von dem Anteil eines Amtsinhabers an der Aufgabenerfüllung sprechen. Hierbei müssen verschiedene Funktionsarten, mindestens Leitungs- und Durchführungsfunktionen neben vielen anderen, die erforderliche Funktionsbündelung und -koordinierung, z. B. Mitzeichnung und Gruppenarbeit, und geeignete Funktionsformen, z. B. rechtliche und technische Bearbeitung, unterschieden werden. Es kommt also auf die anteilige Beziehung zur jeweiligen Aufgabenerfüllung an. Es kommt darauf an, daß der öffentliche Dienst den Zielen der Allgemeinheit und den menschlichen Funktionen zur Erfüllung dieser Zielsetzungen nach Maßgabe der Verfassung und der Gesetze jeweils am besten entspricht.

Die wissenschaftliche Entwicklung und der technische Fortschritt haben in ihren Auswirkungen die öffentliche Verwaltung vor immer schwieriger zu lösende Aufgaben gestellt. Dabei hat die Verwaltung große Leistungen erbracht, auch wenn sie nicht immer darauf vorbereitet gewesen ist. Man hat das Personal vermehrt, man hat Spezialisten eingestellt, man hat sehr häufig Fremdgutachten angefordert, ohne zu erkennen, daß solche Improvisationen zur Bewältigung neuer Verwaltungsprobleme auf die Dauer nicht ausreichen, weil strukturelle, dienstrechtliche und personelle Reformen erforderlich sind. Dies zeigt sich nicht nur bei außergewöhnlichen Vorhaben, sondern bereits im Verwaltungsalltag. Viele Verwaltungsleistungen bedürfen der Verbesserung durch Bereitstellung erstens der erforderlichen sächlichen und finanziellen Mittel, zweitens der organisatorischen Korrekturen, drittens der Ermittlung des optimalen Arbeitsablaufs und viertens der geeigneten Personen zum Zwecke der Aufgabenerfüllung. Dabei denken wir nicht nur, um ein paar Beispiele zu nennen, an die Aufsicht über Atomreaktoren, an die Aufstellung von Wirtschaftsprognosen, an Großplanungen aller Art, etwa der Entwicklungshilfe, der Verteidigungsmittel, der Sozialversicherung, der wirtschaftlichen und sozialen Strukturverbesserung, sondern auch z. B. an Rechenanlagen und Automation, Personennumerierung und Personaleinsparung mit gleichzeitiger Wahrung der Vollbeschäftigung, an vielfältige Fragen der Technisierung und Rationalisierung sowie an soziale Sicherung, wirtschaftliche Förderung, kulturelle Vorsorge und an die Gewährleistung des Schutzes, der Sicherheit und der Ordnung als Voraussetzung allen Wirkens innerhalb der Gesellschaft. Allerdings ist nicht alles, was technisch erreichbar ist, zugleich auch immer und überall sinnvoll, was gerade in der Verwaltung stets bedacht werden soll.

Dies gilt auch für die erhöhten Anforderungen an die Verwaltung bei der durch Mobilität der Menschen gekennzeichneten funktionsgesellschaftlichen Siedlungsstruktur. Es handelt sich um den vielfach entstandenen Verlust der Einheit aller Lebensbeziehungen am Wohnort und um die Teilnahme an der Arbeit sowie an den Einrichtungen der Versorgung und Entsorgung, der Kultur und der Bildung, des Verkehrs, der Erholung an verschiedenen Orten sowie um die Teilhabe am Gemeinschaftsleben nach freier Wahl. Die Einwohnergemeinde, von der noch alle Gemeindeordnungen sprechen, ist weitgehend in Auflösung geraten und wird zunehmend durch die Aufenthaltsgemeinde ersetzt, wie das typische Beispiel der Sozialhilfe zeigt, wonach die Aufenthaltsgemeinde und nicht mehr die Einwohnergemeinde der Ausgangspunkt unseres Denkens und unserer Aufgabenstellung geworden ist, ganz abgesehen von anderen Maßnahmen, auf die ich hier im einzelnen nicht eingehen will, ohne daß bisher die Folgerungen für die Aufgaben, die Finanzierung und die Verwaltung hinreichend berücksichtigt sind. Hierher gehören zentrale Orte aller Stufen mit örtlichen Aufgaben von zugleich überörtlicher Bedeutung. Es muß erkannt werden, daß wir in erheblichem Umfang heute Aufgaben haben, die nicht nur der örtlichen Gemeinschaft angehören, sondern zugleich eine weit darüber hinausgehende überörtliche Bedeutung besitzen, so daß die örtliche Aufgabenstellung teils verkümmert bei denen, die zur Erfüllung nicht in der Lage sind, teilweise aber expandiert. Zu erinnern ist auch an den regionalen Ausgleich öffentlicher Aufgabenerfüllung. Der Zusammenhang zwischen gebietlicher Neugliederung sowie den Aufgaben-, Finanz- und Personalproblemen muß gesehen und nach der Effektivität neugeordnet werden. Es bedarf aber auch der Zusammenarbeit von Spezialisten aller Art mit den Verwaltungsjuristen und anderen nicht-technischen Verwaltungsbeamten, damit die Koordinierung nicht Not leidet, und zwar ebenso wie die Bündelung der Aufgaben zwischen den Fachdezernenten. Angelegenheiten der örtlichen Gemeinschaft sind übrigens nicht nur in leistungsschwachen Gemeinden vielfach verkümmert, sondern in leistungsstarken Städten mit sog. Produktionsüberschuß zu überörtlicher Bedeutung gelangt, wie ich vorhin erwähnte. Wir denken nicht nur an Hauptschulen, die heute in aller Munde sind, sondern auch an Gymnasien, Theater, Bibliotheken, Großversorgungs- und -entsorgungsanlagen, an den Nahverkehr und andere Spezialaufgaben, wir müssen aber auch mit einbeziehen die Flugplätze, die Handelsmessen, die Häfen u. a. m. Das interessanteste Beispiel einer Angelegenheit mit örtlichem Entstehungsgrund und überörtlicher Bedeutung ist die Übernahme der Olympischen Spiele 1972 durch die Stadt München als kommunale Aufgabe. Die Einheitlichkeit der Lebensverhältnisse im Bundesgebiet ist nicht in lokaler Uniformität erstrebenswert, wenn auch mindestens die Grundausstattung vorhanden sein muß, sondern nur als gleichwertige Startchance zur freien Entfaltung der Persönlichkeit nach dem Leistungsvermögen erreichbar. Die Aufgabenwandlungen nach Quantität und Qualität und die Aufgabenwanderungen zum leistungsfähigeren Aufgabenträger sind bedingt durch Veränderungen der gesellschaftlichen Bedürfnisse, der technischen Erfordernisse, der Rationalität sowie der finanziellen und personellen Voraussetzungen. Die potentiellen Gemeinschaftsaufgaben einerseits und die wirksame Aufgabenerfüllung durch zwischengemeindliche Zusammenarbeit andererseits vermitteln nur eine sektorale Vorstellung von der realen Aufgabenverflechtung, die der Neuordnung bedarf. Problematisch bleiben die Weisungsaufgaben sowie die Auflagen und Bedingungen bei Zweckzuschüssen, der Streit um die Prioritäten, die Meinungsverschiedenheiten über die Handhabung von Aufsichtsbefugnissen, die Demokratisierung der Verwaltung sowie ihre Technisierung und die Hebung der Verwaltungskraft. Die Neuordnung der Aufgabenverteilung ist nicht weniger wichtig als die Dimensionalvergrößerung der Aufgabenträger.

Dabei wird oft die Zentralisation oder Dezentralisation von Aufgaben mit der horizontalen oder vertikalen Dekonzentration der Aufgabenwahrnehmung durch die zuständigen Behörden desselben Aufgabenträgers verwechselt. Die Behördenzuständigkeit folgt der Aufgabenverteilung, ist jedoch nicht mit ihr identisch. Funktionsverlagerungen in der allgemeinen Landesverwaltung können eine Folge von Veränderungen der Landesaufgaben sein. Sie sind jedenfalls nicht dasselbe, sondern berühren ggf. die Behördenzuständigkeit zur Vollziehung von Landesaufgaben in der Weise, daß der Arbeitsablauf einer Aufgabenerfüllung z. B. zuständigkeitshalber aus den Ministerien auf die Bezirksregierung oder von dort auf die unteren staatlichen Verwaltungsbehörden verlagert wird. Die Entlastung der obersten Landesbehörden und die Ortsnähe der jetzt für zuständig erklärten Behörde können ebenso maßgeblich sein wie der Bündelungseffekt bei der höheren Verwaltungsbehörde, der einen besseren Verwaltungserfolg verspricht. Das Anliegen der Funktionsverlagerung liegt aber nicht nur in der Dekonzentration. In der arbeitsteiligen Verwaltung kommen z. B. hinzu: das Spezialistenproblem, das Zusammenwirken in Arbeitsgruppen, die Problematik der Behördenleitung, die Ausnahmeregelungen bei der Durchführung, die Verbesserung von Information, Aufsicht und Kontrolle sowie der Übermittlungs-, Ausgleichs- und der Entlastungsfunktionen, schließlich auch die Überwindung von Schwierigkeiten bei der Umstellung auf elektronische Datenverarbeitungsanlagen, Automation etc. Eine von oben geduldete und von unten hingenommene Aushöhlung von Zuständigkeiten kann zu einem Funktionswirrwarr führen. An die Stelle des vermeintlichen Gegensatzes von Staatsverwaltung und Selbstverwaltung, der sich mehr in der Finanzkuratel als in der Aufsicht äußert, könnten Überlegungen zur organisatorischen Zusammenfassung beider treten, damit der Arbeitsablauf optimal entsprechend den gesellschaftlichen Bedürfnissen geordnet werden kann.

Es ist kein Zweifel, daß die Vorgänge der wissenschaftlichen und technischen Einwirkungen, der funktionsgesellschaftlichen Siedlungsstruktur, der Aufgabenveränderungen und der Funktionsverlagerungen dem Verwaltungsnachwuchs zunächst völlig fremd sind. Weshalb das nach siebenjähriger (oder achtjähriger) Vorbildung so sein muß, ist schwer einzusehen. In der Regel bewirkt erst eine zweijährige Nachbildung die Voraussetzung zur Erfüllung neuer Anforderungen in der Verwaltungspraxis. Solche neuen Anforderungen verlangen mindestens eine sehr viel gründlichere Kenntnis der Verwaltungsaufgaben und ihrer Wandlungen sowie der Art und Weise, wie sie am besten erfüllt werden können. Der Verwaltungsberuf setzt Rechtskenntnisse und Verwaltungskenntnisse voraus, bevor die fachliche Leistung effektiv werden kann. Dies erfordert nach meiner Meinung eine entsprechende Änderung des Prüfungssystems, was im Studium und im Vorbereitungsdienst nicht unbeachtet bleiben darf. Eine Einheitsausbildung ohne fachlichen Schwerpunkt ist ebenso unwirksam wie eine Fachausbildung ohne Berücksichtigung der Grundlagen des demokratischen und sozialen Rechtsstaates. Solange der große Befähigungsnachweis nur die Voraussetzung für die Fachausbildung in einem Beruf eröffnet, also die Berufsausbildung nicht abschließt, kann von Fortbildung nicht die Rede sein. Die Fortbildung dient nicht der Deckung eines Nachholbedarfes, sondern der Fortentwicklung der öffentlichen Verwaltung, was die Kenntnis des Herkömmlichen voraussetzt. Dies erfordert künftig sowohl eine größere Mobilität der Beamten, und zwar nicht nur zwischen Bund und Ländern und nicht nur zwischen Staatsverwaltung und Kommunalverwaltung, sondern auch zwischen den Ressorts — was ich für ungemein wichtig halte, so schwer es auch zu sein scheint — und innerhalb des Instanzenzuges, als auch ein vorbildliches Zusammenwirken von Verwaltungspraktikern und Verwaltungswissenschaftlern, um die Verwaltungsbeamten mit den Problemen künftiger Anforderungen vertraut zu machen, die zum Schutz des Wohles der Allgemeinheit notwendig und zur Förderung des Gemeinwohles erforderlich sind. Dabei sollte weder die Persönlichkeit des Bürgers noch die des Beamten beeinträchtigt, sondern gerade zur Entfaltung gebracht werden.

Bericht über die Diskussionsbeiträge

Von Gottfried Herbig

Die Vorträge der 37. Staatswissenschaftlichen Fortbildungstagung, die unter der wissenschaftlichen Leitung von Professor Dr. Dr. *Becker* (Speyer) dem Gesamtthema: „Funktionsgerechte Verwaltung im Wandel der Industriegesellschaft" gewidmet war, lösten eine stellenweise sehr lebhafte Diskussion aus. Dabei führten die einzelnen Stellungnahmen der Diskussionsredner, wie auch schon die Vorträge selbst, zu einer starken, inhaltlichen Verflechtung der jeweiligen Aussprachethemen. So kristallisierte sich das Gespräch an mehreren Hauptpunkten, die an den verschiedenen Tagen immer wieder von Referenten und Diskutanten aufgegriffen wurden. Wegen des engen Sachzusammenhanges wird daher eine thematisch gegliederte Darstellung einer chronologischen Aneinanderreihung der einzelnen Diskussionsbeiträge vorgezogen.

Zu diesen Kristallisationspunkten gehörten

1. der Begriff der Planung und des Planungsgesetzes,
2. die Stellung der Verwaltung gegenüber dem Gesetzgeber,
3. die territoriale und die funktionale Verwaltungsreform sowie
4. die Stellung der Angehörigen des öffentlichen Dienstes, insbesondere der Juristen in der heutigen Verwaltung.

1. Die Aussprache über den Begriff des Planungsgesetzes schloß sich vor allem an das Referat von Professor Dr. *Herzog*, Berlin, an. Professor Dr. *Schaeder*, der Rektor der Hochschule, hatte einleitend darauf hingewiesen, daß bereits *Hermann Rösler* das Gesetz nicht mehr an einer unveränderlich gedachten Gerechtigkeitsidee, sondern an der dynamischen Wirklichkeit orientiert habe. Doch sei, auch gerade aus der Sicht des Wirtschaftswissenschaftlers, die steuernde Kraft der Norm zu bezweifeln. Während Ministerialrat Dr. *Stich*, Mainz, dann das Planungsgesetz als die moderne Fortentwicklung des mehr statischen, normativen Gesetzes gemäß unserer schnellebigen Zeit ausdeutete, hob Professor Dr. *Knöpfle*, Speyer, die Gemeinsamkeiten des Planungsgesetzes mit dem herkömmlichen Begriff des Maßnahmegesetzes hervor. Beide seien eine *Reaktion:* Während im Maßnahmegesetz auf eine Diagnose reagiert werde, die zu sofortigem Einsatz nötige, beruhe das Planungsgesetz auf einer Prognose einer sich anzeigenden, unerwünsch-

ten Entwicklung. Je kurzfristiger aber die Prognose sei, desto mehr nähere sich das Planungsgesetz dem Maßnahmegesetz. Es sei also zu fragen, ob ein neuer Begriff sinnvoll sei, der in der Praxis nur zu Abgrenzungsschwierigkeiten führe.

Auch Staatssekretär a. D. Dr. *Schäfer*, Bonn, erblickte angesichts der vom Referenten postulierten höheren Bestandskraft des Planungsgesetzes eine gewisse Gefahr darin, zwischen Verfassung und einfachem Gesetz eine weitere Kategorie von Gesetzen einzuschieben.

Professor Dr. *Ule*, Speyer, erklärte, er habe ebenfalls erhebliche Vorbehalte gegen den Begriff des Planungsgesetzes. Es sei jedoch eine gewisse Tendenz erkennbar, eine Rangordnung zwischen allgemeinen und vollziehendem Gesetz anzunehmen. Das sei neuerdings wiederum im Rahmen der Verwaltungsreform in Rheinland-Pfalz aktuell geworden, als das Verhältnis der Gemeindeordnung und der darin festgelegten Bindung von Eingemeindungen an Erfordernisse des Gemeinwohls gegenüber den Zwangseingemeindungsgesetzen der jüngsten Zeit erörtert worden sei.

Gegenüber diesen stärker kritischen Beiträgen sah Ltd. Ministerialrat Dr. *Brenken*, Mainz, den Begriff des Planungsgesetzes als geeignet an, die gesetzgeberische Tätigkeit in einem bestimmten Bereich zu kennzeichnen. Es sollten Regelungen darunter verstanden werden, die gezielte behördliche Maßnahmen ermöglichen sollen oder selbst bestimmte Ziele herbeiführen. Hierher seien die Planungsgesetze des Bundes und der Länder, auch der Haushaltsplan, zu zählen, nicht jedoch die Verwaltungsreformgesetze, da diese nur die Organisation der Verwaltung regelten.

Zum Begriff der Planung warf Regierungsassessor Dr. *Herbig*, Speyer, ein, daß es verfehlt wäre, alle positiven Erwartungen auf die Planung der öffentlichen Hand zu konzentrieren. Auch die Individualplanung behalte ihre Bedeutung. Die Bereiche individueller und öffentlicher Planung seien nach sachlichen Gesichtspunkten — dem Prinzip der bestmöglichen Lösung — zu unterscheiden und auch zu verbinden.

Im weiteren Verlauf der Tagung warnte Bundesrichter Dr. *Paul*, Berlin, vor einer Planungseuphorie. Es genüge nicht, in der Planung an die Allmacht der Vernunft zu glauben, auch Triebe und Leidenschaften müßten als Realität ernst genommen und beherrscht werden. In totalitären Staaten lenke man diese Leidenschaft in den Haß gegen wirkliche und vermeintliche Feinde ab; der freiheitlichen Demokratie bleibe die Aufgabe noch gestellt, diese Triebe zu bewältigen.

Professor Dr. *Herzog*, Berlin, stellte in seinem Schlußwort klar, daß er sich lediglich gegen die Annahme einer prästabilierten Harmonie der Individualplanungen gewandt habe. Das Planungsgesetz solle keine neue Kategorie von Gesetzen bilden. Seine Darlegungen richteten sich lediglich an den Gesetzgeber, dieser möge die zukunftsweisenden Planungsgesetze gegen stillschweigende, unbeabsichtigte Änderungen durch spätere Gesetze sichern. Der Begriff des Planungsgesetzes solle also eine ähnliche Funktion wie das Zitierungsgebot in Art. 19 Abs. 1 Satz 2 GG erfüllen.

2. Im Zusammenhang mit der Planung wurde auch das gewandelte Verhältnis von Gesetzgebung und Verwaltung, vor allem im Anschluß an das Referat von Professor Dr. *Herzog*, erörtert. Magnifizenz Professor Dr. *Schaeder*, Speyer, hatte bereits in seiner Einleitung darauf hingewiesen, daß in der CSSR Regierung und Parlament gemeinsam nur die Richtlinien der Politik bestimmten. Dagegen werde dort die eigentliche Gesetzgebung immer mehr zur Sache der Verwaltung unter der Kontrolle des Parlaments. Eine Parlamentsreform sei auch in westlichen Ländern vonnöten, wobei die Macht des Parlaments zu stärken, dagegen sein Interessentencharakter abzuschwächen sei. Der Forderung nach einer stärkeren Beschränkung der parlamentarischen Arbeit auf grundsätzliche Fragen schloß sich Professor Dr. *Herzog* in seinem Schlußwort an. Die Institution des Eingriffsvorbehaltes sei auf den Konstitutionalismus des 19. Jahrhunderts zurückzuführen, der damals weder die demokratische Wahl noch die parlamentarische Verantwortlichkeit der Regierung erreicht habe. Die extensive Interpretation des Gesetzesbegriffes sei somit der Ersatz für eine parlamentarische Bestellung und Kontrolle der Regierung gewesen. Er wolle in einer seiner nächsten Arbeiten untersuchen, inwieweit das Grundgesetz eine verstärkte Verordnungsgebung in weitem Umfang unter dem Vorbehalt der Zustimmung von Parlamentsausschüssen zulasse.

In gewissem Gegensatz zu dem Referenten, Professor Dr. *Herzog*, Berlin, der die Überwachungsfunktion des Parlaments bei der Durchführung von Gesetzen als nicht sehr effektiv eingeschätzt hatte, hob Ministerialrat Dr. *Stich*, Mainz, die Kontrollfunktionen der Anfragen sowie die Bindung der Verwaltung an die Zustimmung von Parlamentsausschüssen und die Berichtspflicht hervor. Staatssekretär a. D. Dr. *Schäfer*, Bonn, wies auch auf die Anhörungssitzungen hin, stellte aber die starke Stellung der Verwaltung bei der Gesetzesinitiative heraus. Die Exekutive sei es, die die Gesetze ausführe und daher auch die Ergebnisse beobachte. Dies sei das Paradoxon der modernen Verwaltung, erklärte Privatdozent Oberregierungsrat Dr. *Scholler*, München. Stärker als bisher an gesellschaftlichen Gegebenheiten orientiert, zur Dienerin der Gesellschaft geworden, sei die Verwaltung gerade dadurch weitaus stärker geworden als früher.

Als eine Strukturfrage der Verwaltung wurde auch die Antithese zwischen hierarchischer und kollegialer Gliederung erörtert. Professor

Dr. *Schaeder*, Speyer, zweifelte daran, ob auch ein Kollegium Verantwortung übernehmen könne, während Professor Dr. *Knöpfle*, Speyer, den Referenten fragte, ob er nicht nur einen kollegialen Führungsstil, sondern auch einen kollegialen Entscheidungsstil für möglich halte. Zwar sei die Frage des „Wie" heute oft Sachverständigen überlassen, die Entscheidung selbst aber nicht. Professor Dr. *Herzog* betonte dazu in seinem Schlußwort, eine mehrheitliche Entscheidung sei nur in homogenen Gremien, wie Staatsregierungen und Gemeindemagistraten, sinnvoll, nicht jedoch bei den pluralistisch strukturierten Rundfunk- und Fernsehräten.

3. Die sich an die Vorträge von Professor Dr. *Müller*, München, Landrat Dr. *Galette*, Plön, und Regierungspräsident a. D. Dr. *Schmitt*, Koblenz, anschließenden Aussprachen kreisten um aktuelle, zentrale Fragen der territorialen wie funktionalen Verwaltungsreform. Professor Dr. *Morstein Marx*, Speyer, der die Aussprache im Anschluß an das Referat von Landrat Dr. *Galette* leitete, forderte in diesem Zusammenhang dazu auf, nicht nur aus der Erfahrungslogik zu argumentieren, sondern auch die nötigen Verifikationen vorzuweisen. Nur so könne die Verwaltung in der Öffentlichkeit das nötige Verständnis finden.

Besonders wurde die Notwendigkeit von Reformen auf allen Ebenen, von den Kommunen bis zu einer Neugliederung des Bundesgebietes, erörtert. Der mehr konservativen Richtung, die auf die bisherigen großen Leistungen der Verwaltung verwies, stellte sich eine breite Front von Reformern entgegen. Die von Privatdozent Dr. *Wagener*, Speyer, im Anschluß an das Referat von Professor Dr. *Müller*, München, als Diskussionsleiter gestellte Frage nach den ausreichenden Verwaltungsinstrumenten zur Verwirklichung moderner Planung bejahte insbesondere Landrat Dr. *Haarmann*, Bad Oldesloe. Schulwesen und Straßenwesen seien z. B. auch in kleinen Gemeinden durch die gute Zusammenarbeit zwischen ehrenamtlich tätigen Bürgern und hauptamtlich leitenden Verwaltungsbeamten verwirklicht worden. Eine Reform, die ja immer auch eine gesellschaftliche Integration erfordere, führe zu Reibungsverlusten. Die Gebietsreform kommunaler Einheiten werde oft unter parteipolitischen Argumenten propagiert. Im übrigen sei die Leistungsverwaltung zum großen Teil in den Händen anderer Träger, insbesondere auch in privatrechtlichen Formen organisiert.

Kreisdirektor *Kardinal*, Moers, sah nicht so sehr eine Gebietsreform als eine Verlagerung von Zuständigkeiten für nötig an. Rechtsanwalt *Döbrösy*, Koblenz, meinte, der Einzugsbereich öffentlicher Einrichtungen brauche sich nicht mit Verwaltungsbezirken zu decken.

Professor Dr. *Ule*, Speyer, stellte dagegen den grundlegenden Wandel der Verwaltungsaufgaben heraus. Vor allem Dr. *Becker-Marx*, Hauptgeschäftsführer der Kommunalen Arbeitsgemeinschaft Rhein-Neckar, Mannheim, und Stadtdirektor *Beyer*, Bremervörde, hoben die Notwendigkeit einer Deckungsgleichheit zwischen Planungs- und Verwaltungsraum hervor. Die Trennung von Planungs- und Verwaltungszuständigkeit führe zu Reibungsverlusten, da entweder untere oder obere Ebenen bzw. Fachressorts die Verwaltungsentscheidungen zu treffen hätten, sagte Dr. *Becker-Marx*. Im übrigen sei die restriktive Funktion der Planung noch relativ leicht mit Hilfe staatlicher Gebote zu verwirklichen, worauf auch Regierungspräsident a. D. Dr. *Schmitt*, Koblenz, in seinem Schlußwort und Regierungsrat *Stalmann*, Hildesheim, in einem anderen Diskussionsbeitrag verwiesen. Dagegen sei, führte Dr. *Becker-Marx* aus, die positive, aktive Planungsausführung durch die bisherige Trennung von Planung und Verwaltung schwer gehemmt.

Stadtdirektor *Beyer*, Bremervörde, wies im Gegensatz zu Kreisdirektor *Kardinal*, Moers, darauf hin, daß eine Gebietsreform gerade die heutige Entwicklung zur Kreisgemeinde abbremsen solle, indem sie die einzelnen Großgemeinden wieder funktionstüchtig mache.

Die Größe dieser Gemeinden wurde lebhaft erörtert, vor allem am Modell der Hauptschule. Während Stadtdirektor *Beyer* eine stärker differenzierte, dreizügige Hauptschule forderte, die eine Gemeinde von 7500 bis 8000 Einwohnern voraussetze, wies Landrat Dr. *Galette*, Plön, im Schlußwort auf die hohen Kosten sowie auf pädagogische Mängel (Dauer der Anfahrt, Klassenfrequenz) hin. Ministerialrat Dr. *Stich*, Mainz, erklärte, daß in dünner besiedelten Gebieten, wie etwa der Eifel, Großgemeinden von 30 000 Einwohnern nicht gebildet werden können. Es fehlten dann der kommunalen Verwaltung Bürgernähe und Effektivität. Im übrigen sei es falsch, diese Räume zu industrialisieren. Sie sollten vielmehr der Erholung in der Freizeit dienen.

Landrat Dr. *Galette* betonte schließlich noch, daß man nicht nur die technisch-administrativen Aufgaben der Gemeinde, sondern auch ihre gesellschaftliche Bedeutung sehen müsse.

Auch Rechtsanwalt *Döbrösy*, Koblenz, warnte davor, die historisch gewachsenen Gemeinden über die Verbandsgemeinde zu schnell in Großgemeinden aufgehen zu lassen. Regierungspräsident a. D. Dr. *Schmitt*, Koblenz, legte jedoch dar, daß die große Dehnbarkeit im Aufgabenkatalog der Verbandsgemeinde gerade die Entwicklung der Zukunft überlassen soll. In Verdichtungsgebieten sei durchaus die Entwicklung zur Großgemeinde wahrscheinlich, wie ja auch bereits Remagen und Sinzig in diesem Jahr schon Großgemeinden werden. Landrat Dr. *Wagner*, Rothenburg o. d. Tauber, erklärte zu diesem Punkt, in Bayern strebe man aus verfassungsrechtlichen Gründen nur Verbandsgemeinschaften an.

Auch die Größe der Kreise wurde vor allem im Anschluß an das Referat von Landrat Dr. *Galette*, Plön, lebhaft erörtert. Kreisdirektor *Kardinal*, Moers, sprach sich für eine untere Grenze von 150 000 Einwohnern aus, während Stadtdirektor *Beyer*, Bremervörde, etwa 100 000 bis 150 000 Einwohner für die niedersächsischen Landkreise als Zielplanung ansetzte. Weitaus bescheidener bezeichnete Landrat Dr. *Wagner*, Rothenburg o. d. Tauber, Einwohnerzahlen von 50 000 als Minimum für die Neuordnung von Landkreisen und kreisfreien Städten in Bayern. Dabei sollten die Kreise zusammengelegt, jedoch nicht neu eingeteilt werden, da sich auf diese Weise rascher ein neues Kreisbewußtsein bilde und auch die Verwaltungsschwierigkeiten relativ gering blieben. Landrat Dr. *Galette* hob in seinem Schlußwort hervor, daß die Landkreise neben einwohnerbezogenen auch flächenbezogene Aufgaben zu bewältigen hätten (Straßenbau, Wirtschaftsförderung, Landschaftsschutz, Wasserwirtschaft). Daher seien bei der Zielplanung für die Landkreise deren Flächengröße wie Einwohnerzahl gleichermaßen zu berücksichtigen. Dann erreiche aber Schleswig-Holstein die höchsten Durchschnittsziffern noch vor Nordrhein-Westfalen, während Bayern am anderen Ende der Liste rangiere.

Stellung und Bedeutung des Regierungspräsidenten wurden sowohl im Anschluß an den Vortrag von Landrat Dr. *Galette* wie auch nach dem Referat von Regierungspräsident a. D. Dr. *Schmitt* erörtert. Während Stadtkämmerer Dr. *Kesseler*, Solingen, die Auffassung vertrat, die kommunale oder staatliche Ausgestaltung der Mittelinstanz sollte erst nach der sachlichen Zuordnung der Verwaltungsbereiche erörtert werden, erhob Stadtrechtsrat Dr. *Beenken*, Speyer, die Forderung, politische Entscheidungen nur demokratisch legitimierten Stellen zu überlassen. Dazu wurde einerseits von Professor Dr. *Knöpfle*, Speyer, auf die Ungelöstheit dieses Begriffs hingewiesen, und von Professor Dr. *Ule*, Speyer, hierzu die Frage nach der Legitimation für die Zuständigkeit des Regierungspräsidenten im Einbürgerungsverfahren gestellt. In dem sich entwickelnden Dialog der Regierungspräsidenten Dr. *Schneeberger*, Münster, *Keller*, Neustadt/Weinstraße, und Regierungspräsidenten a. D. Dr. *Schmitt*, Koblenz, verwies Regierungspräsident *Keller* auf die demokratische Legitimation der Bezirksregierung als Außenstelle der Landesregierung. So reizvoll die Verfügbarkeit über einen eigenen Haushalt sei, so sah doch auch Regierungspräsident Dr. *Schneeberger* eine Inkompatibilität zwischen der Weisungsgebundenheit der Regierungspräsidenten gegenüber der Landesregierung und der mit einem eigenen Haushalt nötig verbundenen parlamentarischen Kontrolle als gegeben an. Die Bedeutung des Regierungspräsidenten wurde von *Keller* wie Dr. *Schneeberger* vor allem in seiner Bündelungsfunktion gesehen, wobei jedoch Dr. *Schneeberger* die politischen Kräfte aufforderte, dieses teure Instrument noch stärker zu benutzen. Die Regierungspräsidenten *Keller* wie Dr. *Schmitt* sahen die Möglichkeit einer Zuständigkeitsverlagerung von oben nach unten als noch recht dürftig an. Die moderne Verwaltung erfordere immer mehr Spezialisten; diese könnten aber rentabel nur zentral eingesetzt werden. Auch Regierungsrat *Stalmann*, Hildesheim, wies auf die von oben nach unten notwendigerweise abnehmende Gesamtschau der Dinge hin, die die Existenz einer Regierung gegenüber einer allzu starken Verlagerung von Zuständigkeiten auf untere Ebenen rechtfertige.

Zu der im Referat von Dr. *Galette* ausgesprochenen Forderung, den unteren Gebietskörperschaften jeweils eine eigene Vertretung in einer zweiten Kammer neben Kreistag und Landtag zu geben, ergänzte der Referent auf eine Frage von Regierungsrat Dr. *Neumann*, Kiel, damit könnten natürlich auch Amt und Mandat sauber getrennt werden.

Von einzelnen Rednern wurde in diesem Zusammenhang auch der Bestand und die Gliederung der Länder angesprochen. Kreisdirektor *Kardinal*, Moers, meinte, man sollte die Regierungspräsidenten stärken und dafür die Länder ganz oder zum Teil auflösen. Auch Oberrechtsrat Dr. *Schäfer*, Ludwigshafen, sprach sich für eine Neugliederung aus und verwies auf die Schwierigkeiten im Rhein-Neckar-Raum, wo auch nach dem neuen Staatsvertrag zwischen Rheinland-Pfalz, Baden-Württemberg und Hessen ein einstimmiger Beschluß für gemeinsame Maßnahmen nötig bleibe. Ltd. Regierungsdirektor *Floerke*, Hamburg, hob allerdings die gute Zusammenarbeit Hamburgs mit den Nachbarländern sowie mit dem Bund hervor. So sei nicht nur die grenzüberschreitende Startbahn des Fuhlsbütteler Flughafens gebaut worden, sondern auch eine gemeinsame Fahrkarte für alle stadt-, bahn- und posteigenen sowie drei private Verkehrsmittel im Hamburger Raum ermöglicht worden. Regierungspräsident a. D. Dr. *Schmitt*, Koblenz, betonte dazu in seinem Schlußwort, daß nunmehr auch Art. 29 GG an politischer Aktualität gewinnen werde.

4. Die Entwicklung eines modernen öffentlichen Dienstrechtes und insbesondere die Stellung des Juristen in der zukünftigen Verwaltung waren Gegenstand der Diskussion, die sich an das Referat von Professor Dr. *Thiele*, Präsident des Niedersächsischen Verwaltungsbezirks Braunschweig, anschloß. Diese Problematik war jedoch auch schon an den vorhergehenden Tagen mehrfach angesprochen worden.

Dabei stand im Mittelpunkt der Aussprache zunächst der Wunsch nach einer Reform des Beamtenrechts. Ltd. Regierungsdirektor *Floerke*, Hamburg, wies auf die Bestrebungen zur Schaffung eines einheitlichen öffentlichen Dienstrechts hin. So werde es heute nicht mehr hingenommen, daß der Beamte entschädigungslos Überstunden zu leisten habe, während der am Nebenplatz tätige Angestellte, mit den gleichen Verrichtungen betraut, ohne weiteres für die Mehrleistung eine Vergütung erhalte. *Floerke* erwähnte dabei auch die mit der Berechnung der Gehälter betrauten Datenverarbeitungszentralen, in denen Überstunden sehr häufig vorkämen. Dieses Problem könne nicht mit den bisherigen Bemerkungen über die Dienstpflicht des Beamten abgetan werden. Im übrigen sei ja der Deutsche Gewerkschaftsbund bestrebt, das bisherige Beamtenrecht in ein auch weiterhin dem Gesetzgeber überlassenes Statusrecht und in ein sog. Folgerecht aufzugliedern, das der Verhandlungsdisposition der Tarifpartner überlassen bleibe. Umgekehrt wünschen Angestellte und Arbeiter oft die Übernahme von beamtenähnlichen Regelungen. Der gewerkschaftlichen Forderung nach Dienstalterszulagen auch für Arbeiter stehe jedoch das Leistungslohnsystem gegenüber, das jedenfalls in Hamburg bei der Müllabfuhr gelte. Im übrigen würden heute schon die jungen, leistungsfähigen Schreibkräfte vornehmlich in die Industrie abwandern und erst mit zunehmendem Alter der Verwaltung zur Verfügung stehen, weil hier die entsprechenden Steigerungsbeträge gewährt werden. *Floerke* sprach sich für ein einheitliches öffentliches Dienstrecht aus, das jedoch am Bild des Beamten orientiert sein müsse, damit der einzelne öffentliche Bedienstete in seiner Entscheidungsfreiheit gegenüber der Beeinflussung durch die ständige Bewegung in der Gesellschaft gestärkt werde.

Syndikus Dr. *Schmidt*, Bonn, wandte sich entschieden gegen die Beibehaltung des Lebenszeitbeamten in der kommunalen Versorgungswirtschaft. Es sei nicht einzusehen, daß das kommunale Gaswerk, als Eigenbetrieb organisiert, von einem Beamten geleitet werde, während das privatrechtlich organisierte Gaswerk als Leiter einen Angestellten habe. Die Gemeinden seien hier als Leistungserbringer so nahe an der Bevölkerung, daß man hier nicht mehr den Lebenszeitbeamten verwenden könne; man müsse sich nämlich von dem Leiter eines kommunalen Unternehmens trennen können, wenn dieser Mann nicht mehr geeignet sei. Gerade bei den Sparkassen als Wettbewerbsunternehmen zeige sich auch der Widersinn der beamtenrechtlichen Laufbahnvorschriften, der der Übernahme qualifizierter Bewerber im Wege stände.

Regierungsdirektor *Narzi*, Hamburg, wies auf die Bedeutung der analytischen Dienstpostenbewertung für die Mobilität in der Verwaltung hin. Dieses System schließe eine Beförderung bei Verbleib auf derselben Stelle aus, so daß man in Hamburg auf diese Weise die Versetzungsbereitschaft der Beamten erzwinge. Auch Regierungsrat *Hannig*, Gifhorn, hatte schon vorher gefordert, den Austausch von Beamten zwischen allen Ebenen stärker zu praktizieren. Allerdings hatte Regierungspräsident a. D. Dr. *Schmitt*, Koblenz, schon am Vortag auf die Kollision zwischen Beamten-Hausbesitz und Beamten-Mobilität hingewiesen. Ltd. Regierungsdirektor *von der Lühe*, Braunschweig, sah jedoch als Nachteil der analytischen Dienstpostenbewertung, daß man in diesem System Bedienstete, die sich als unfähig erwiesen haben, nicht mehr so leicht von einer bestimmten Stelle entfernen könne.

Regierungsassessor Dr. *Doll*, Hamburg, hob die Bedeutung des gehobenen Dienstes in der modernen Verwaltung hervor. Er sei dazu berufen, besonders in der Automation die Verwaltungsingenieure der Zukunft zu stellen. Auch Regierungsassessor Dr. *Hartmann*, Mainz, wandte sich gegen das Bild von der neutralen Verwaltung. Die moderne Verwaltung beschränke sich nicht darauf, auf Anträge oder Beschwerden zu reagieren, sondern agiere aus eigener Erkenntnis schöpferisch.

Professor Dr. *Ule, Speyer*, unterstrich die Reformbedürftigkeit des Art. 33 GG. Es sei heute unverständlich, warum etwa bei Bundespost und Bundesbahn oder auch in den Schulen grundsätzlich nur Beamte eingesetzt werden könnten. Daher sei im Grunde ein allgemeines öffentliches Dienstrecht zu schaffen und dabei nur für einen verhältnismäßig kleinen Kreis ein besonderes Beamtenrecht als notwendig anzusehen. Im Gegensatz zu Vorstellungen, wie sie etwa in Baden-Württemberg bereits geäußert worden sind, hält Professor Dr. *Ule* jedoch gerade für Ministerialbeamte einen Beamtenstatus für besonders notwendig, um ihre Unabhängigkeit im politischen Raum stärker abzusichern.

Die Position des Juristen in der modernen Verwaltung wurde von mehreren Diskussionsteilnehmern ausgeleuchtet. Schon bei der Eröffnungsveranstaltung hatten Professor Dr. *Schaeder*, Speyer, wie auch Ltd. Ministerialrat Dr. *Brenken*, Mainz, die vorzügliche Eignung des Juristen zum Koordinator hervorgehoben. Auch Ltd. Regierungsdirektor *von der Lühe*, Braunschweig, unterstrich bei der Abschlußveranstaltung noch einmal diesen Gesichtspunkt. Ltd. Regierungsdirektor *Floerke*, Hamburg, ergänzte, daß der Jurist auch in der Leistungsverwaltung benötigt werde, da auch diese an Gesetz und Recht orientiert sei. Und auch Professor Dr. *Müller*, München, hatte dazu in seinem Schlußwort den Planer nur als Zulieferer und Hilfswissenschaftler gegenüber dem Verwaltungsmann bezeichnet.

Die Diskussionsteilnehmer stellten jedoch eine Reihe von Anforderungen an den modernen Verwaltungsjuristen auf, was sowohl im Anschluß an das Referat von Professor Dr. *Herzog*, Berlin, als auch nach dem Schlußvortrag von Professor Dr. *Thiele*, Braunschweig, geschah. So betonte Staatssekretär a. D. Dr. *Schäfer*, Bonn, die Verwaltung benötige neben dem Volkswirt und dem Soziologen auch den rechtspolitisch, aber auch politisch denkenden Juristen. Ministerialrat Dr. *Stich*, Mainz, sprach vom Bild der künftigen Juristen, die in ihrer Vielfältigkeit auch der Differenziertheit der Gesellschaft entsprechen und demgemäß allen Belangen offen sein müßten. Nur auf diese Weise könnten sie von den Fachleuten als mitspracheberechtigt anerkannt werden. Der Nur-Jurist sei heute in Wirtschaft wie Verwaltung nicht mehr gefragt, erklärte Regierungsassessor Dr. *Hartmann*, Mainz, und strich die notwendige soziale Kontaktfähigkeit des Verwaltungsjuristen heraus. In dieser Beziehung lerne man jedoch in der Ausbildung nichts. Landrat Dr. *Wagner*, Rothenburg o. d. Tauber, legte dar, daß dem heutigen Verwaltungsjuristen nicht so sehr das Subsumieren, sondern vielmehr das Formulieren von Vorschriften obliege. Zur Erfüllung der modernen Verwaltungsaufgaben seien immer wieder neue Träger zu schaffen, für die dann eine geeignete Rechtsgrundlage entwickelt werden müsse. Professor Dr. *Ule*, Speyer, wies darauf hin, daß er bereits seit mehreren Jahren dieses Formulieren im Rahmen von Planspielen (Erstellung von Gesetzentwürfen und dgl.) an der Hochschule für Verwaltungswissenschaften üben lasse. Im übrigen werde das Subsumieren zu Unrecht gescholten, denn es komme hier in erster Linie darauf an, einen Sachverhalt richtig zu erfassen, eine hohe Kunst, deren Beherrschung jeder Jurist täglich benötige. Professor Dr. *Herzog*, Berlin, erläuterte den inneren Zusammenhang zwischen Subsumtion und Formulierungskunst. Das Formulieren von Rechtsvorschriften sei im Grunde nichts anderes als ein durch Phantasie befruchtetes, antizipiertes Subsumtionsgeschäft. Er zweifle also daran, daß man auf der Universität das Formulieren erlernen könne, ohne vorher das Subsumieren zu beherrschen. Im übrigen bilde die Universität heute eigentlich nur Richter der ordentlichen Gerichtsbarkeit aus. Dem Juristen in der Verwaltung obliege es aber, zur Wahrung der Bürgerfreiheit allzu forschen Planern und Sozialingenieuren Zügel anzulegen. Daher sei es äußerst bedenklich, wenn man die Behandlung des besonderen Verwaltungsrechts auf der Universität auf die Gebiete des Gemeinde-, Polizei- und Beamtenrechts beschränken wolle. Gehe diese Fehlentwicklung weiter, so drohe eine Sezession der Öffentlich-Rechtler aus der Universität.

Sowohl Syndikus Dr. *Schmidt*, Bonn, als auch Regierungsassessor Dr. *Doll*, Hamburg, forderten eine stärkere Einbeziehung der Wirtschaft bei der Ausbildung des modernen Verwaltungsbeamten. Dr. *Doll* wies dabei auf die gemeinsame Ausbildung des gehobenen Dienstes auf der Fachhochschule hin. Hierzu erklärte Ltd. Regierungsdirektor *von der Lühe*, Braunschweig, in seinem Schlußwort, Beamte des gehobenen Dienstes und entsprechende Funktionsträger in der Wirtschaft würden bereits heute gemeinschaftlich auf den Wirtschafts- und Verwaltungsakademien ausgebildet.

FSC
www.fsc.org
MIX
Papier | Fördert gute Waldnutzung
FSC® C083411

Kolibri 360 GmbH
Ferdinand-Jühlke-Straße 7
99095 Erfurt, Deutschland
produktsicherheit@kolibri360.de

Druck:
CPI Druckdienstleistungen GmbH
im Auftrag der
Kolibri 360 GmbH
Ferdinand-Jühlke-Str. 7
99095 Erfurt